家庭でできる!

読み書きサポートブック

小学校低学年
（1・2年生）

まんが　すぎやま かずみ

日本標準

はじめに

この本では、主に小学校1・2年生の子どもたちが、学校の読み書きの学習でつまずき、困っている事例を取り上げ、そのサポートの方法について解説しています。

小学校低学年で読み書きにつまずいている子どもは、発達障害という診断を受けている場合もあれば、少し心配だけれど専門機関に相談するほどかどうかわからないといった場合もあるでしょう。そのため本書では、事例を障害によって明確に分けず、多くの子どもに見られる事例を取り上げています。一部分でも当てはまる部分があれば、参考にしていただきたいと思います。

小学校1年生といえば、小学校に入学したばかりです。入学は、子どもにとっても保護者にとっても大きな節目です。幼稚園、保育園時代とは違って、「学習」が始まります。低学年の間は、子どもの宿題を見ることも、保護者の役割として求められるでしょう。しかし、この本を手に取ってくださっている保護者のみなさんは、わが子にどうやって勉強を教えればいいのか、途方に暮れたことがあったのではないでしょうか。何か情報を得て試してみてもうまくいかず、保護者のほうがイライラしてしまい、自信を失ってしまうこともあったかもしれません。家庭では、宿題以外にもしなくてはいけない生活にまつわることがたくさんあります。夜は常に時間に追われ、宿題を見るどころではないといった状況もあるでしょう。

さらに子どもは、家庭ではリラックスしている分、家族に感情をぶつけがちです。読み書きが苦手なために学習に取り組むことができず、保護者の前で不機嫌になったりパニックを起こしたりすることもあるかもしれません。

このように、読み書きの困難さをもつ子どもの学習を、家庭で見るのは簡単なことではありません。学校ともまた違った状態にある子どもに合った工夫や配慮が、家庭学習では必要になるのです。

読み書きが苦手な子どもの学習支援に関する研究が、少しずつ進んでいます。本書では、その成果からわかってきた支援の方法の中で、家庭でも取り入れやすいものを紹介しています。時には学校の先生や専門機関の方々に相談したり協力をお願いしたりしながら、子どもがどこにつまずいて困っていて、どのようなサポートをしていけばいいのか考えていきましょう。

この本を通じて、読み書きに困っている子どもに、適切なサポートが届くことを願っています。

2024年12月

松尾麻衣

家庭でできる！ 読み書きサポートブック 小学校低学年（1・2年生）

『家庭でできる！ 読み書きサポートブック 小学校中高学年（3〜6年生）』の紹介

『読み書きサポートブック　小学校中高学年』も、参考にしてください！

この本の構成

保護者から相談が多い読み書きの心配ごとについて、まんがで紹介し、解説しています！

読み書きに関する心配ごとの事例（ケース）

くわしい解説やサポートの例、教材の紹介など

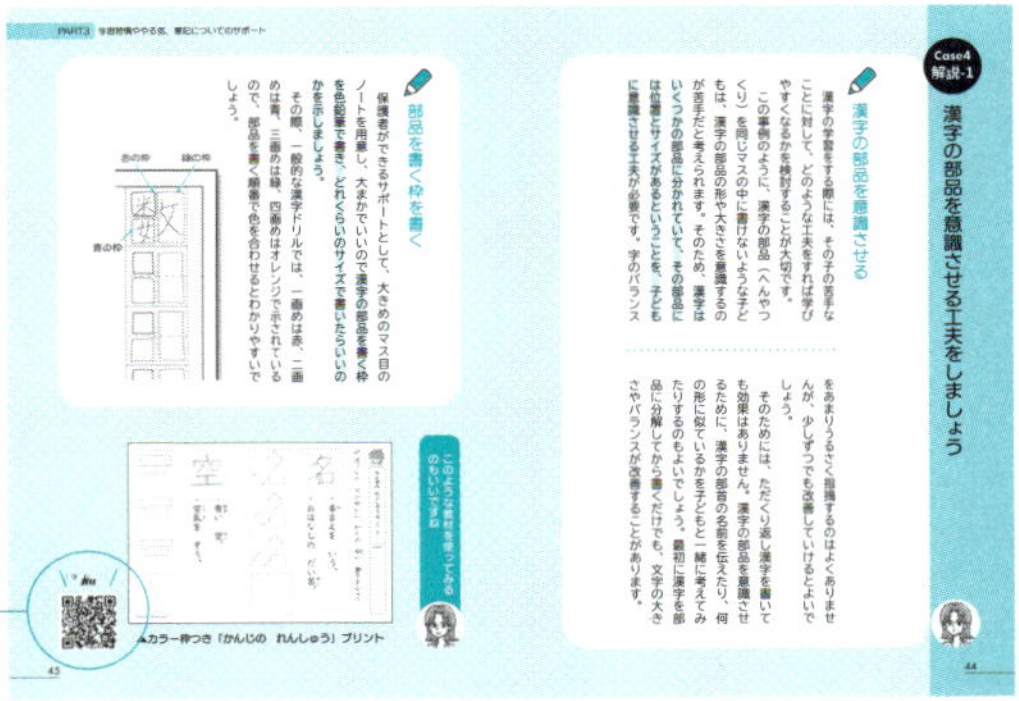

著者監修の教材をダウンロードできる「いるかプリント」サイトのURLです

配慮したいことや子どもへの声掛けの例など

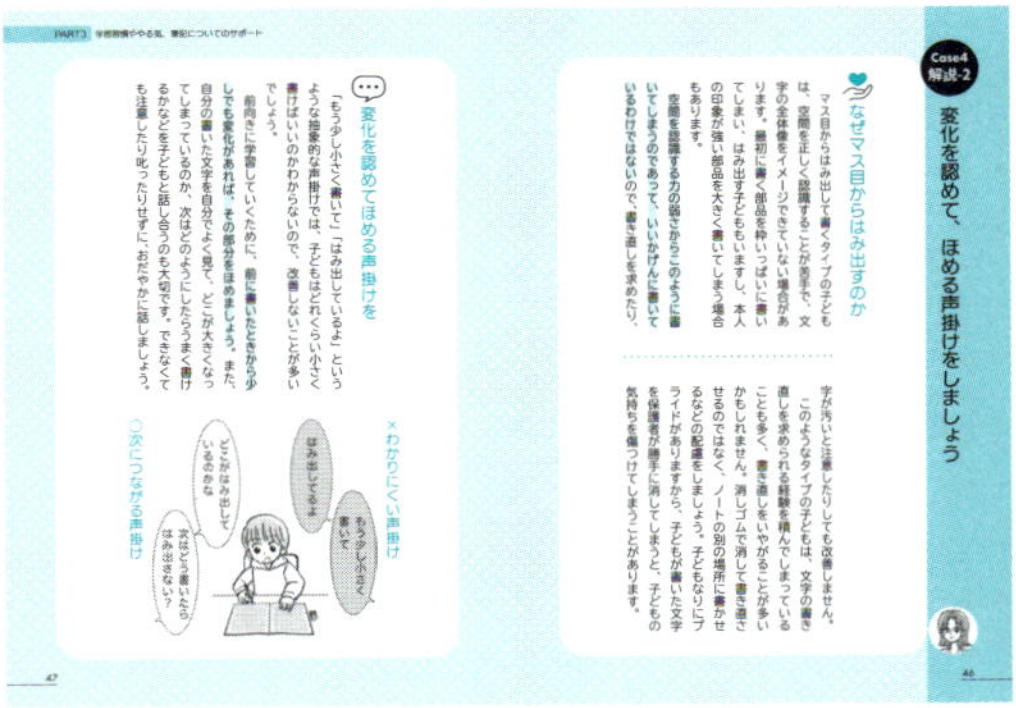

アイコン

読み書きについての解説やサポート例

背景にある特性や配慮したいこと

子どもへの声掛け例や気をつけたいこと

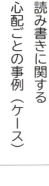

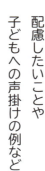

登場する先生のご紹介

心理士のまい先生

はじめまして！
この本では、保護者の方から相談が多い読み書きの悩みについて、家庭でできる具体的なサポート例や配慮したいことを、やさしく解説していきます！

【本書の事例・用語について】

＊本書で扱う事例は、さまざまなケースをもとにした架空の事例であり、実在の人物や学校とは一切関係ありません。

＊本書に出てくる「専門機関」とは、医療機関、市町村保健センター、児童相談所、子育て支援センター、教育相談センター等を指しています。

【本書の障害名の表記について】

本書では、次の定義を根拠とし、障害名を記載しています。

＊学習障害（LD）

LDの日本語表記には、医学的定義と教育学定義の2種類があります。DSM−5（アメリカ精神医学会が発行する診断基準等のマニュアル）では、限局性学習症（限局性学習障害）と定義しており、ICD−11（WHOが作成する疾病等の国際的な分類）では、学力の特異的発達障害としています（医学的定義）。教育学定義としては、文部科学省（1990年）が「基本的に全般的な知的発達に遅れはないが、聞く、話す、読む、書く、計算する又は推論する能力のうち特定のものの習得と使用に著しい困難を示す状態を指すものである。」と定義しています。

＊注意欠陥多動性障害（ADHD）

ICD−11では注意欠如多動症、DSM−5では注意欠如・多動症とされていますが、文部科学省の資料では注意欠陥多動性障害としているため、本書では本表記としています。

＊自閉スペクトラム症（ASD）

以前は自閉性障害、アスペルガー障害、小児期崩壊性障害を含めてPDD（広範性発達障害）と呼ばれていましたが、DSM−5ではASD（自閉スペクトラム症）に統合されました。ICD−11でもDSM−5の流れを受けて自閉スペクトラム症としています。

PART 1

読み書きの力が心配なときに保護者が知っておきたいこと

1 低学年の学習で大切にしたいこと

低学年の学習で大切にしたいことは何でしょうか

低学年のうちに学習習慣を身につける

小学校低学年は、学習習慣を身につけるために大切な時期です。「帰宅したら、休憩後に宿題をしてから遊ぶ」など、学習に関するルールを決めましょう。保護者が大まかなルールを決めますが、子どもの意見も聞き、保護者からルールを押しつけられたと感じさせないように配慮するとよいでしょう。

学習環境にも配慮が必要です。低学年の子どもは、学習以外の楽しいことがあると、魅力が強いものに引きずられ、気持ちがそれてしまいます。学習する場所はいつも同じ場所にし、周囲には余計なものがないように片づけて、整然とした場所で学習ができるように配慮しましょう。

低学年のうちは、保護者が子どもの学習を見守ることも必要です。宿題をする時間帯は、保護者も忙しいことが多いと思いますが、保護者が落ち着かないと子どもも集中できないことがあるので、忙しく動き回らずに見守れるとよいでしょう。イメージ通りに子どもの学習が進まず、保護者のほうが焦ったりイライラしたりするときには、保護者自身が深呼吸したり、気分転換したりしてみましょう。

また、低学年は、集中できる時間も子どもによる差が大きい時期です。一度にたくさんの量を学習するのが難しい場合は、何回かに分けたり、どうしても取り組めないときには、連絡帳などで担任の先生に報告し、余裕のある週末に回したりするなど、柔軟に対応することも大切です。

学習は、継続ができたら、少しずつでも身につけていけるものです。その子どものペースでいいので、継続できるように学習を習慣づけていきましょう。

学習は楽しいものだと感じられるようにする

学習は生涯にわたり必要なものです。中でも読み書きは、すべての学習の基盤になります。しかし、小学校低学年のうちに学習や読み書きにいやなイメージをもってしまうと、一生そのイメージをぬぐい去れない場合があります。学習がいやなものにならないように、また、読み書きができると、新しい情報に触れることができて楽しいと感じられるようにしましょう。

そのため、特に低学年のうちは、保護者や周囲の大人が子どものがんばりをほめ、認めていくことが大切です。学習をがんばったごほうびや、息抜きの時間も大切にしましょう。

その子どもに合った学習方法を探す

低学年の読み書きでは、ひらがなから学習が始まりますが、低学年のうちに、ひらがなの特殊音節（小さい「ゃ・ゅ・ょ・っ」など）の読み書きを身につけておくことが大切です。この段階でつまずいてしまうと、漢字の読み書きの学習にも影響が出ることがわかっています。

低学年でひらがなの学習が苦手な場合、単にくり返し学習させてもうまくいかないことが多いです。保護者が学習方法を工夫してもうまくいかない場合には、学校の先生や専門機関などに相談し、その子どもに合った学習の方法を考えていくことが大切です。子どもに合わない学習方法で学習を続けても、効果が出ないばかりか本人の意欲をそいでしまうことがわかっています。低学年のうちから、その子どもに合った学習の方法を探すという視点をもてるとよいでしょう。

2 家庭でのサポートで大切にしたいこと

子どもの特徴を把握した上でサポート方法を考えることが大切です

子どもの特徴を把握する

人にはそれぞれ、得意なことや、苦手なこと、性格や性質などの特徴があります。その特徴が強くて、学校生活や学習に何らかの支障が出る場合には、周囲からの配慮やサポートが必要です。そのために、子どもの特徴を把握しておくことが大切です。

まずは子どもの性格や好きなこと、きらいなこと、得意なこと、苦手なこと、興味をもっていること、興味のないことなどについて、よく観察しましょう。紙に書きだしてみるのもよいでしょう。保護者の立場からだと、できないことにばかり注目してしまい、よいところに気づきにくい場合があるかもしれません。そのようなときには、子どもに接する機会の多い祖父母などの家族や、学校の先生に聞いてみるのも一つの方法です。子どものサポートにつなげるためには、周囲の大人が、子どものよい特徴と難しい特徴のどちらにも気づいていることが大切です。

子どもの性格や性質を把握できたら、その子どもに合ったサポートを考えていきましょう。本書のパート3からは、子どもの苦手なことに応じたサポート例を紹介しています。わが子と少しでも似ている部分があったら参考にしてみましょう。紹介されている方法を試しても、事例のようにはうまくいかないこともあるかもしれません。方法そのものを変える必要がある場合もありますし、方法は変えずに、学習時間を短くするなどの工夫が必要なこともあります。どのような工夫が必要なのか、保護者だけで判断できないときには、一人で抱えこまず、学校の先生や専門機関などに相談して、本人に合った学習の方法を考えていくことが大切です。

意欲的に学習に取り組むために

苦手なことや、きらいなことを子どもにさせようとしても、特に低学年のうちはうまくいかないことが多いでしょう。いやがって逃げてしまい、学習が続かない場合もあります。また、子どものタイプによっては、保護者から言われたことには、自分の気持ちを押し殺してでも従ってしまい、ある日突然学習ができなくなってしまうようなこともあります。低学年の子どもは、自分の状態や気持ちをうまく表現できない場合があるので、子どもの様子をよく観察し、無理なく学習ができているかどうかを判断していきましょう。

また、長時間学習するのが苦手なタイプの子どももいます。そのような子どもには、1回の学習時間をなるべく短時間にして、休憩をはさんで学習をくり返すような方法が合っているかもしれません。子どものタイプに合わせた学習時間を設定することも大切です。

子どもが意欲的に学習に取り組むためには、子ども自身が、自分に合った方法で学習を進めているということを理解していることも大切です。そのため、子どもに合ったサポート方法があれば、その方法によって何を学べているのか、子どもに理解できる言葉で積極的に伝えていきましょう。

家庭では、子どもの気持ちや取り組む姿勢の変化について、学校の先生よりも気づきやすいでしょう。サポートによるよい変化があれば、本人に言葉で伝えていくことも、学習意欲の向上につながります。

保護者だからこそできること

低学年のうちは、保護者が子どもの学習を見守る必要がありますが、保護者は、学校の先生とは役割が違います。子どもは、先生から指摘されたら素直に受け入れることでも、保護者から指摘されると、不機嫌になったり、指摘を受け入れられなかったりする場合があります。しかしそれは、保護者の力不足によるものではありません。先生と保護者は役割が異なるだけで、保護者にはより心を許しているということでもあるのです。ですから、保護者が子どもに学習を教えるときに、先生のような役割を果たそうとがんばりすぎることはおすすめしません。子どもは、家庭ではリラックスして休むことも、成長のために必要です。それを理解しながら、保護者にできるサポートの内容を考えていきましょう。

家庭では、子どもがうまくできないことに共感し、寄り添いましょう。これは、保護者だからこそできることです。そして、うまくできないことは誰かに手伝ってもらってよいこと、手伝ってもらってうまくいくことを増やしていくのはすばらしいということを伝えていきましょう。一度伝えただけで理解できることではないので、本人がおだやかな気持ちのときに、くり返し伝えていくことが大切です。子どものうちにサポートを受け入れることを学んでおくと、成長してからも苦手なことのサポートを、他者に相談できるようになります。

また、保護者もいつも安定したサポートができるわけではないでしょう。子どもをうまくサポートできていないと感じるようなときには、一人でがんばらず、学校の先生や心理士などの専門家に相談するという視点をもちましょう。周囲の力を借りながら、子どもの成長を見守ることが大切です。

PART 2

発達障害と読み書き支援の基礎知識

―子どもの特性の理解のために―

1 学習障害（LD）

学習障害（LD）とは、どのような障害なのでしょうか

学習障害とは

学習障害は、LD（Learning Disorders または、Learning Disabilities の略語）ともいい、全般的な知的発達に遅れはないのに、聞く・話す・読む・書く・計算する・推論する能力のうち、特定のものの習得と使用に著しい困難がある状態をいいます。障害の原因は中枢神経系に何らかの機能障害があると推定され、視覚障害、聴覚障害、知的障害、情緒障害などの障害が直接の原因ではないといわれます。また、環境的な要因によるものではありません。

学習障害のある子どもは、認知（理解、判断、推論など知的機能のこと）について次のような特徴が見られることがあります。

【言葉の発達や偏り】語彙《い》が少ない。文法を誤る。長い文章を話せないなど。

【聴覚的理解や視覚的理解】言葉による指示では行動できないが、視覚的な手がかりで行動できる。漢字の文字の形を正しく覚えられないなど。

【記憶】複数の簡単な指示を覚えることが難しい。一度に複数のことを並行してできないなど。

このような認知の特徴によって学習面での困難が生じ、学校の読み書きの学習では、次のような様

子が見られることがあります。また、本人の状態によって、同じようなことでも、できたりできなかったりする場合があります。

・授業の内容は理解しているのに、漢字は何度練習しても正しく書くことができない。
・文章を読む際に何度もつまる。正しく読めない。
・漢字の書き取りについて、同音異義語の誤りが多い。
・文字の一部が足りなかったり、線が1本多かったりする字を書く。

周囲の理解と支援の必要性

認知の特徴からくる前述のような様子は、「できるのになぜやらないのか」「なまけている」などと思われがちです。学習障害のある子どもは、会話は成立することが多く、大人っぽい言葉づかいや態度であることも多いため、周囲から障害を理解されにくい場合があります。注意されてばかりいたり、努力が足りないというレッテルを貼られたりすると、二次障害（22ページ参照）につながることもあります。

子どもが抱える困難さに、周りの大人が早く気づき、理解し、その子どもに合わせた支援をすることが大切です。支援では、次のような対応が基本となります。

①子どもの苦手なことを把握し、それはなぜかを考える。
②苦手さへの対応策、補助手段、代替手段を考える。
③子どもに合わせた目標を設定し、がんばりを認めて励ます。

2

注意欠陥多動性障害（ADHD）

ADHDとはどんな障害で、どのような支援が必要なのでしょうか

注意欠陥多動性障害とは

注意欠陥多動性障害（Attention − Deficit／Hyperactivity Disorder）は、次に示すような注意持続の欠如もしくは、その子どもの年齢や発達レベルに見合わない多動性や衝動性が特徴です。これらの特徴をすべてもっている場合もあれば、部分的にもっている場合もあります。

【不注意】集中力が続かない。気が散りやすい。忘れっぽいなど。
【多動性】じっとしていることが苦手で、席を離れたり動き回ったりするなど。
【衝動性】思いついた行動について、行ってもよいか考える前に実行してしまうなど。

読み書きに関しては、すぐに集中力が切れてしまい、たくさん書いて練習するのが難しかったり、文字を速く書きすぎて字形が整わなかったり、文字の細部まで気を配って書けなかったりなどの状態が見られることがあります。

ADHDのある子どもの支援の基本

ADHDのある子どもに対しては、次のような支援が有効と考えられています。

・学習机の周りの刺激になるもの、気になるものをできるだけ少なくする。
・集中できる時間に合わせた課題の量を考える。
・学習スケジュールを作成し、見えるところに貼る。
・学習の休憩時間に体を動かす機会を作るなど、活動エネルギーを上手に発散させる工夫をする。
・動いてもよい環境を作る。（例）食事の支度の手伝いをさせる。運動する時間を作る。

家庭学習でできる支援

家庭学習の中でできる支援としては、次のようなことが考えられます。

・学習中は、必要な物だけを机上に用意させ、不要なものは目に入らないようにする。
・話し掛けるときには子どもの名前を呼んで、注意を引きつける。
・約束事が守れたら間を置かず、すぐにほめる。
・できてあたり前と思われることでも、積極的に言葉でほめる。
・子どもが何か話そうとして表現できないときは言葉で補う。
・取り組む目標、守るべきルールなどを子どもと相談して決める。

3 自閉スペクトラム症（ASD）

自閉スペクトラム症とはどんな障害で、どのような支援が必要なのでしょうか

自閉スペクトラム症とは

自閉スペクトラム症（Autism Spectrum Disorder）は、「持続する相互的な社会的コミュニケーションや対人的相互反応の障害、限定された反復的な行動、興味、または活動の様式」と定義されています。つまり、人とのコミュニケーションが困難であったり、何かに強くこだわったり、くり返しの行動が多かったりして、日常生活に支障をきたしてしまうような状態をいいます。

幼少期には、視線が合いにくかったり、一人を好んでいるように見えたりすることもあります。学齢期では、周囲にあまり配慮せずに、自分が好きなことをしたり言ったりして、集団になじむのが難しいこともあります。また、決められたルールを好み、場面に応じて臨機応変に対応することが苦手な傾向があるため、突発的に起きることや予定変更で混乱してしまうこともあります。

さらに、知的な遅れがなくても、言葉をうまく扱えず、単語を覚えても意味を理解することが難しい場合があります。自分の気持ちを言葉にしたり、想像したりするのも苦手です。

そのため、国語の教科書の文章を理解することが難しかったり、登場人物の気持ちを問う問題で答えられなかったり、作文を書くことが苦手だったりといった場合があります。

自閉スペクトラム症のある子どもの支援の基本

自閉スペクトラム症のある子どもに対しては、子どもに伝わりやすいコミュニケーションを意識しましょう。あいまいなものは適していません。支援に際しては、次のような点に配慮しましょう。

・指示は、はっきり子どもにわかるように事前に伝えておく。
・ルールは、見てわかるようにはっきり示す。
・頭ごなしに叱るのではなく、子どもの頭の中にどのような考えがあるかを想像してみる（子どもは以前経験したことの記憶をもとに行動している場合が多い）。
・少しでもうまくできたときは、子どもにとってわかりやすく、喜ぶ方法でほめる。
・失敗したことを叱るのではなく、次にどうしたらよいかを具体的に示す。
・初めての場面や活動では、無理強いせず、場所や人に慣れるための時間を取る。
・子どもが見通しをもてるように、あらかじめ「いつ」「どこで」「何が起こるのか」「いつ終わるのか」などを示す。

読み書きに関しては、学習の進め方やノートの書き方などについて、本人の強いこだわりがあることがあります。本人のこだわりと学校の進め方が違う場合に、本人のやり方をあまり否定しすぎると、学習意欲が減退してしまうこともあるので注意が必要です。担任の先生に相談しながら、妥協案を探ることが必要な場合もあります。

このような自閉スペクトラム症の状態にはかなり幅があります。一見、症状が目立たない場合でも、周囲の理解やサポートが必要なことが多いため、子どもに合わせた支援を行うことが大切です。

column
コラム１

＼ 二次障害を防ぐには ／

発達障害のある子どもの中には、失敗経験が積み重なり、大人の指示に従えず叱責されてばかりいるうちに、劣等感をもち、自尊心が低くなってしまう子どもがいます。

そのような状態を二次障害といい、次のような状態に陥《おちい》ってしまうことがあります。

・自己評価が低下する
・無気力、不安、情緒不安定、人間不信、うつ状態になる
・友達とトラブルが多くなる
・学校などの集団の中で孤立する
・反抗的、挑発的な行動をとる

文字の読み書きは学習の基本であり、あらゆる教科に必要なため、苦手な場合には劣等感をもちやすいといえます。

ですが子どもは、周囲の大人の接し方によって、他者に信頼感をもつことができたり、肯定的な自己イメージを保つことができたりします。

子どものいちばん身近にいる保護者は、ほかの子どもと比較するのではなく、少し前の本人と比べて成長を認めましょう。そして、焦らずに、少しでもできることが増えたらほめ、成長を子どもと共に喜ぶことが、二次障害を生じさせないためには大切です。

PART 3

学習習慣ややる気、筆記についてのサポート

Case 1

学校の授業に興味をもてない

ゆうたさんの家での様子

小学2年生のゆうたさんは、ひかえめで、おとなしい性格です。虫や魚などの生き物が大好きです。
生き物以外には興味を示さず、宿題もいやがります。特にくり返し同じような学習をすることが苦手です。
宿題やらないと
……
授業中は、ノートに虫の絵を描いたり、うわのそらだったり、眠そうだったりしています。
ちゃんと聞きなさい
うつら
うつら
先生から注意されることが増え、保護者は心配していました。
授業中に居眠りしていることがあります。

家庭でできるサポート例

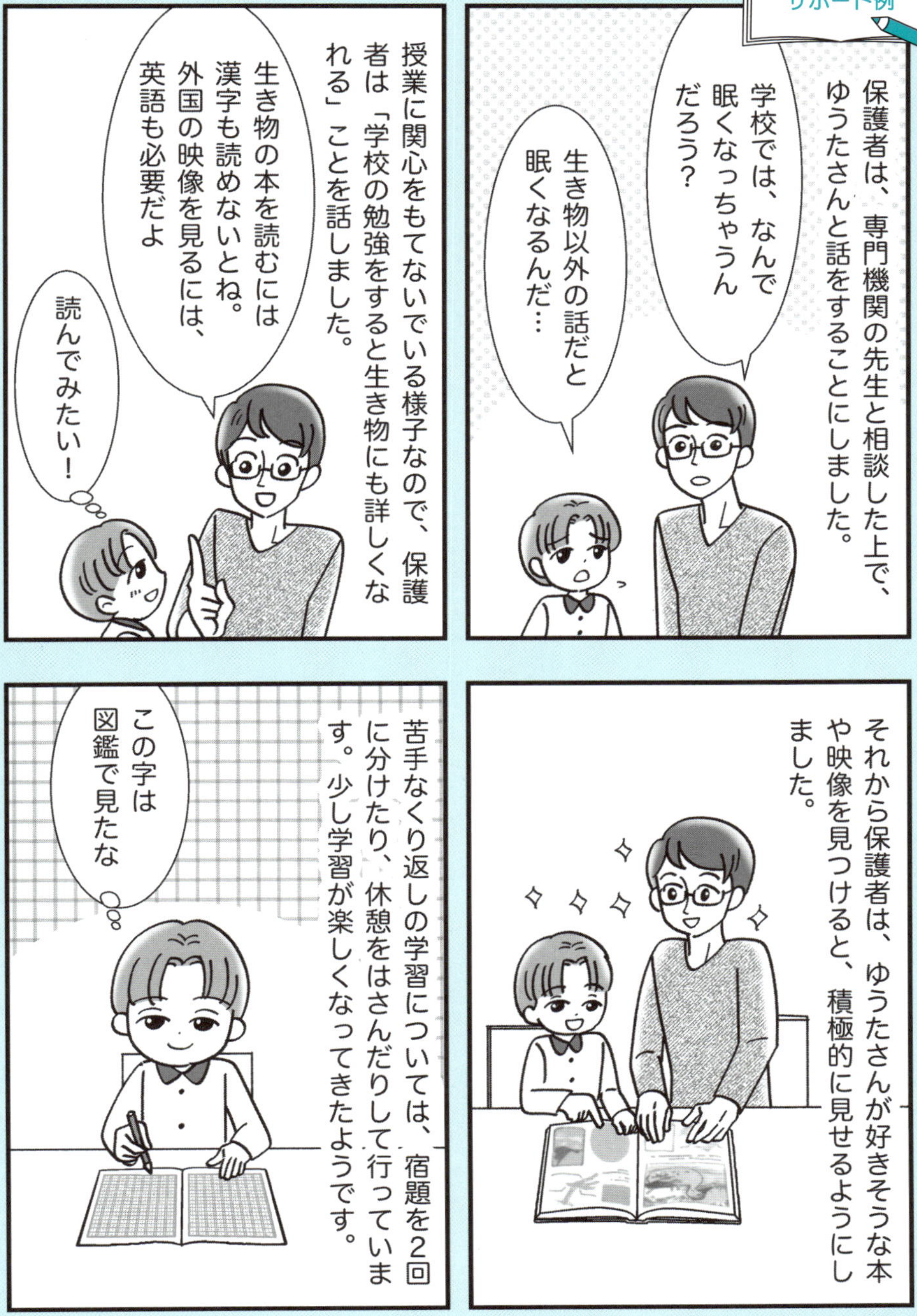
保護者は、専門機関の先生と相談した上で、ゆうたさんと話をすることにしました。

学校では、なんで眠くなっちゃうんだろう?

生き物以外の話だと眠くなるんだ…

授業に関心をもてないでいる様子なので、保護者は「学校の勉強をすると生き物にも詳しくなれる」ことを話しました。

生き物の本を読むには漢字も読めないとね。外国の映像を見るには、英語も必要だよ
読んでみたい!

それから保護者は、ゆうたさんが好きそうな本や映像を見つけると、積極的に見せるようにしました。

苦手なくり返しの学習については、宿題を2回に分けたり、休憩をはさんだりして行っていきます。少し学習が楽しくなってきたようです。

この字は図鑑で見たな

Case1 解説-1

興味に関連づけて、学習の必要性を理解させましょう

なぜ学習が必要なのかを理解させる

得意なことと苦手なことの差が大きいタイプの子どもは、興味をもつ対象が限定していることがあります。このような子どもをサポートするとき、本人の気持ちを無視して無理に何かをさせようとしても効果がありません。必要性が理解できないことについては意欲がもてず、逃げ出してしまうこともあります。逆に、学習の必要性や意味を理解できれば、取り組める場合もあるのです。

低学年だからといって、周囲が学習を押しつけるのではなく、低学年なりに、なぜこの学習が必要なのかを理解することが、学習意欲につながります。

本人の興味に関連づける

なぜこの学習が必要なのかについて伝えるときに、「大人になったら必要だから」「勉強はしなくちゃいけないものだ」というような、本人の気持ちとかけ離れた一般的なことを言っても効果がありません。

本人が興味をもっていることに関連づけて、その事がらと学習がどのようにつながるのか、学習することでどんなメリットや得があるのかということを具体的に伝えましょう。保護者が一方的に伝えるだけでなく、子どもが自分で納得できることが大切です。

また、一度伝えれば納得できるというものではないので、機会をとらえて継続的に働きかけることも必要です。

学習を継続するために

学習は、少しずつでも継続していくことが大切です。「宿題のページを埋められた」というような目先の成果だけに注目するのではなく、学習の意欲を長期的に保てるようにサポートしましょう。

担任の先生とも連携した上で、「この学習内容には興味をもてているようだから、無理に書かせなくてもいいか。今回は親が代筆しよう」というような、柔軟な考え方も大切です。

そのとき、保護者や先生が勝手にやり方を決めてしまうのではなく、子ども自身が決めることも重要です。子どもは、自分で決めたことには取り組みやすくなる性質があるので、上手に働きかけていきましょう。

Case1
解説-2

興味関心に配慮して、成長を認める声掛けをしましょう

体調不良を起こすことも

どんな人にも、「理科が好き」「読解が苦手」など、学習への興味の有無や、得意・不得意が多かれ少なかれあるものです。

しかし、得意なことと苦手なことの差が大きいタイプの子どもは、興味の対象が極端に限定されていることがあります。このような子どもに、興味をもてないことに無理に取り組ませると、吐き気や頭痛といった体調不良が起こったり、学習する意欲がなくなったりすることがあります。特に、低学年の子どもは、このような体調不良が起こることが多いので、配慮が必要です。

成長を認める具体的な声掛けを

このような子どもに、「子どもは勉強しないといけない」「勉強しないと先生に怒られるよ」などといった、一方的に学習を押しつけるような言葉や、おどすような声掛けをしても、学習意欲につながりません。

また、幼児期の子どもであれば、できていることでも、できていないことでも、ほめられれば喜びます。しかし、成長するにつれて、「できていないこと」をほめられても馬鹿にされているようでいやがるようになっていくので、やみくもにほめても効果がありません。「字をていねいに書けたね」「読める漢字が増えてすごいね」など、**具体的で、本人の成長や変化を認めるような声掛けが大切です。**

×意欲をそぐ声掛け

○成長を認める声掛け

Case 2

課題を最後まで終えることができない

ゆりさんの家での様子

ゆりさんは、人形で遊ぶのが大好きです。マイペースな性格ですが、保護者は子育てで困ったと感じたことはありませんでした。
ただいま
おかえり～
しかし、1年生になって急にできないことが増え始めました。たとえば学校のテストでは最後の数問を空欄で提出することが多いのです。
さんすう
70
こくご
60
学校からは、「家で復習してください」と言われます。しかし、家で学習させようとしても、だんだん抵抗を示すようになってきました。
宿題はいや
宿題を始めても、すぐに人形遊びをしたがったり、ほかの部屋に行ってしまったりしてなかなか進まず、保護者は困っていました。

家庭でできるサポート例

Case2
解説-1

集中できないときは、このような工夫をしましょう

保護者の目の届く場所で学習する

好きなものに興味がそれやすいタイプの子どもは、自室で勉強するよりも、リビングなど保護者の目が届きやすい場所での学習がおすすめです。注意がそれる瞬間やそれそうなタイミングですぐに対応できるので、学習に戻る時間を短縮できます。

また、子どもが、学習全体の見通しをもてていない場合もあります。その場合は、学習のスケジュール表（やることリスト）を最初に提示しておくと、学習全体の流れをイメージしやすくなり、時間配分を自分なりに意識できるようになります。

家庭でできるサポート例

①開始時間をタイマーでセットする

声を掛けるのではなく、タイマーが鳴るようにすることで、自分自身で学習の時間を意識するようにうながします。

②ごほうびを最初に決めておく

宿題を最後までやったら、ごほうび（この事例では人形遊び）があるという見通しを子どもがもてるようにすることで、宿題を終わらせようという意欲をもたせます。

③切り替えタイムを作る

本人に無理のないタイミングで休憩するタイミングを作ることで、リズムよく学習に取り組むことができるようになります。

切り替えタイムに行うこととしては、「ジャンプする」「水を飲む」「大好きなソファーで10秒休憩する」「部屋を一周する」など、短時間で簡単にできて、宿題に戻りやすいものがよいでしょう。

こだわりに寄り添いながら、学習をサポートしましょう

無理にこだわりを中断させない

この事例のような子どもには、背景にASDの特性（20ページ参照）があることが考えられます。ASDの特性が強い場合、特定のもの（この場合は人形）にこだわりをもってしまうと、なかなかそれ以外のものに興味を向けることができない場合があります。

無理にこだわりを中断させようとすると、かんしゃくを起こしたり、強く抵抗したりする子どもも多いです。そのため、無理に対象から引き離すのではなく、好きなものを尊重しながら、本人のこだわりに寄り添うことも大切です。

ゆりちゃん、5分後から
お勉強の時間だにゃ！

言葉を使わずに行動でうながす

この事例のような子どもの場合、「集中しなさい」などの声掛けでは、ほかに向かっている意識を学習のほうに戻す効果がありません。そこで、鉛筆を持たずにぼんやりしていたら、保護者がそっと鉛筆を持たせたり、ノートを指差したりといった行動を行うことで、学習に戻るようにうながすとよいでしょう。

子ども自身、意識をそらしたくてそらしているわけではないので、保護者から言葉で怒られたり注意されたりするよりも、次にすべきことを何気ない行動で示されるほうが効果的な場合があります。

Case 3

筆圧が弱い

はるさんの家での様子

はるさんは小学1年生です。教室では少し落ち着きがない様子が見られます。書くことが苦手で、通級も利用しています。
はるさん 座って
書くときに力が入らず、弱々しい線になってしまいます。そのために、テストでバツになることもありました。
1 かん字を かきましょう。
① き の 下。
② みず を のむ。
鉛筆の持ち方も独特なときがあります。持ち方を直すグリップを使ったこともありましたが、本人がいやがって続きませんでした。
ぎゅー
はるさんは、座るときの姿勢も安定しない様子が見られます。自分でもどうやって手や体に力を入れたらいいのか、わからない様子です。
ずり
ずり

家庭でできるサポート例

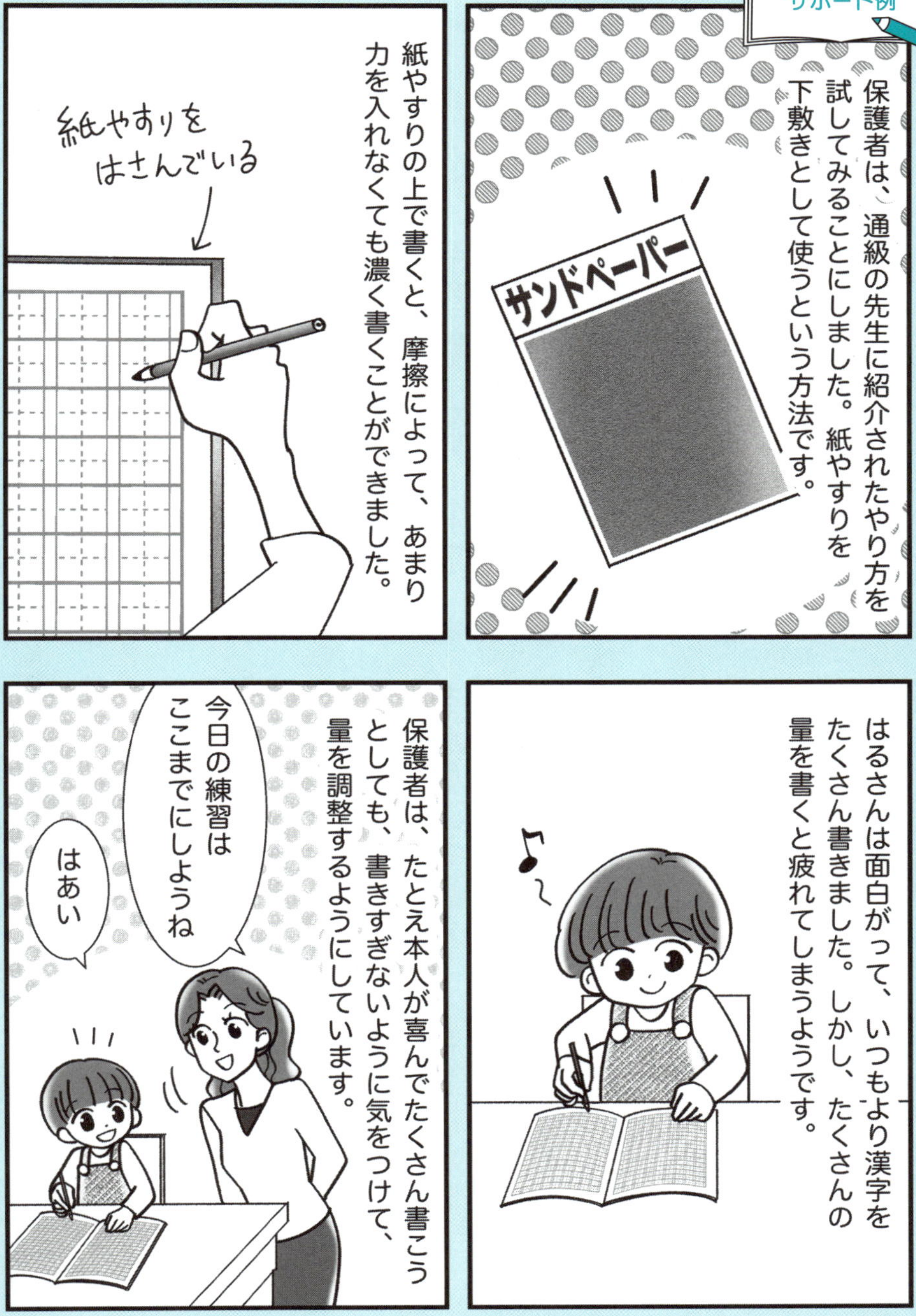
保護者は、通級の先生に紹介されたやり方を試してみることにしました。紙やすりを下敷きとして使うという方法です。
サンドペーパー
紙やすりの上で書くと、摩擦によって、あまり力を入れなくても濃く書くことができました。
紙やすりをはさんでいる
はるさんは面白がって、いつもより漢字をたくさん書きました。しかし、たくさんの量を書くと疲れてしまうようです。
保護者は、たとえ本人が喜んでたくさん書こうとしても、書きすぎないように気をつけて、量を調整するようにしています。
今日の練習はここまでにしようね
はあい

Case3
解説-1

姿勢を確認し、グッズも活用してみましょう

姿勢を確認する

体の特徴によって姿勢が保てない場合もありますが、いすや机が体のサイズに合っていないことで姿勢がくずれたり、鉛筆を正しく持てなかったりする場合もあります。いすや机が体のサイズに合っているか、足の位置は正しいかなど、書くときの姿勢をまずよく見てみましょう。

いすに座っているときに、足の裏が床にぴったりとついていて、ひざが90度に曲がっている姿勢が理想です。お尻がすべって姿勢が悪い場合は、すべりにくいマットやクッションを座面に敷くと姿勢をキープしやすくなります。また、足が床につかない場合は、足の下に台を置くなど、足元を工夫するのもおすすめです。

グッズを活用する

次のような文房具やグッズを活用してみるのもよいでしょう。子どもによって好みもあるので、いろいろと試してみましょう。100円ショップで購入できるものもあります。

4Bなど芯の柔らかい鉛筆

鉛筆用グリップ

三角鉛筆

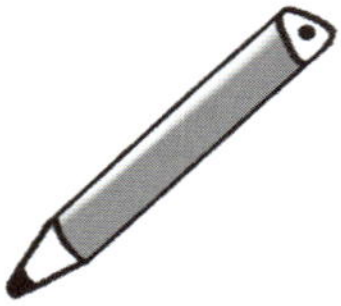

ざらざらの下敷き

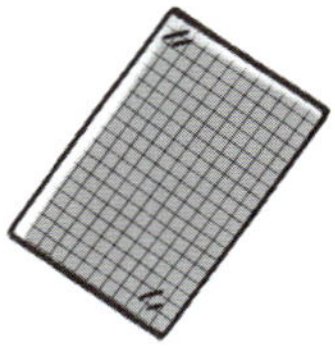

書く量を調節する

上記のようなグッズを活用して、面白がって書いているからといって、がんばってたくさん練習しすぎるのもよくありません。先生と相談した上で宿題などの量も調整し、たくさん書くというよりは、ていねいに少ない回数で、正確に書く練習をするようにしましょう。子どもは、疲れると速く適当に書いてしまうことも多いので、ていねいに正確に書くことを習慣にしていきましょう。

本人が、書く量やその日の学習の目標を自分で決めることも大切です。大人にやらされるのではなく、自分で決めて学習することで、より達成感を得られるようになります。

Case3
解説-2

子どもの性質に配慮し、具体的な声掛けをしましょう

疲れやすい性質への配慮も必要

筆圧が弱いケースには、さまざまな困難が隠れています。まずは、姿勢がくずれていて、左右の手が自由に動いていないケースがあります。また、上手に筆記用具が持てなかったり、力が入らなかったりして線を引くだけで疲れてしまうケース、さらには、自信がなくて書くことに緊張しているケースなどもあります。このような背景を単独でもっているわけではなく、重複していることもあります。

いろいろなサポートを試す中で、めずらしいグッズを登場させると、面白がってたくさん書くことがあるかもしれません。ですが、もともと協調運動（体のさまざまな部位を一緒に動かすこと）の問題や体のつくりなどが影響して疲れやすい性質をもっていて、書くことにストレスを感じている場合があるので、疲れすぎないように配慮することが大切です。疲れ果てるまで学習すると、次に学習をするときの意欲がなくなる場合もあるので、余力を残すくらいの量にとどめることが重要です。

怒らずに具体的な声掛けを

正しい鉛筆の持ち方やいすの座り方は、すぐに身につくものではありません。時間がかかるものだと思って、気長に声を掛けていきましょう。

いつも怒った調子で注意していると、学習自体がいやになってしまいます。また、「姿勢をよくしなさい」と言っても、何がよい姿勢なのか子どもがわかっていないと直せないので、具体的な言葉で言うことを心掛けましょう。

「せなかはピン（伸ばす）、足はトン（床につける）」など、子どもと一緒に歌うような調子で学習の最初に確認するのも、姿勢を意識させることにつながります。

×わかりにくい声掛け

○具体的な声掛け

姿勢をよくしなさい
姿勢が悪いよ
足の裏をゆかにくっつけよう
♪せなかはピン 足はトンだよ

Case 4

マス目からはみ出して書く

しゅんたさんの家での様子

小学2年生のしゅんたさんは、運動が苦手でおっとりした性格です。学校では通級も利用しています。

文字が大きくなりがちで、プリントやノートのマス目に合わせて書くことができていません。

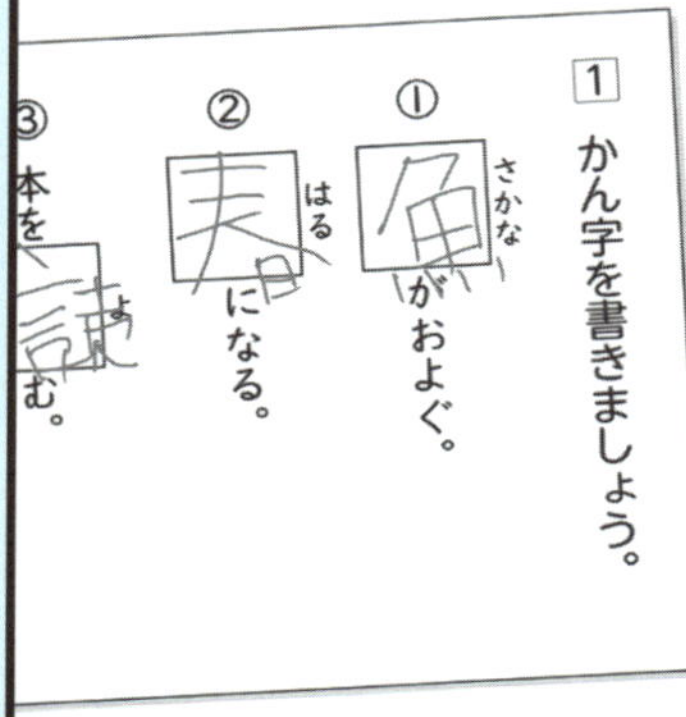
1 かん字を書きましょう。
① さかな がおよぐ。
② はる になる。
③ 本を よ む。

特に漢字を書くときは、最初に書く漢字の部品をマス目いっぱいに書いてしまうので、ほかの部品が入らないようです。

かず

書き直させようとすると、とてもいやがるので保護者はどうしたらいいか困っていました。

もう少し小さく書き直して
やだ！もう書きたくない

家庭でできるサポート例

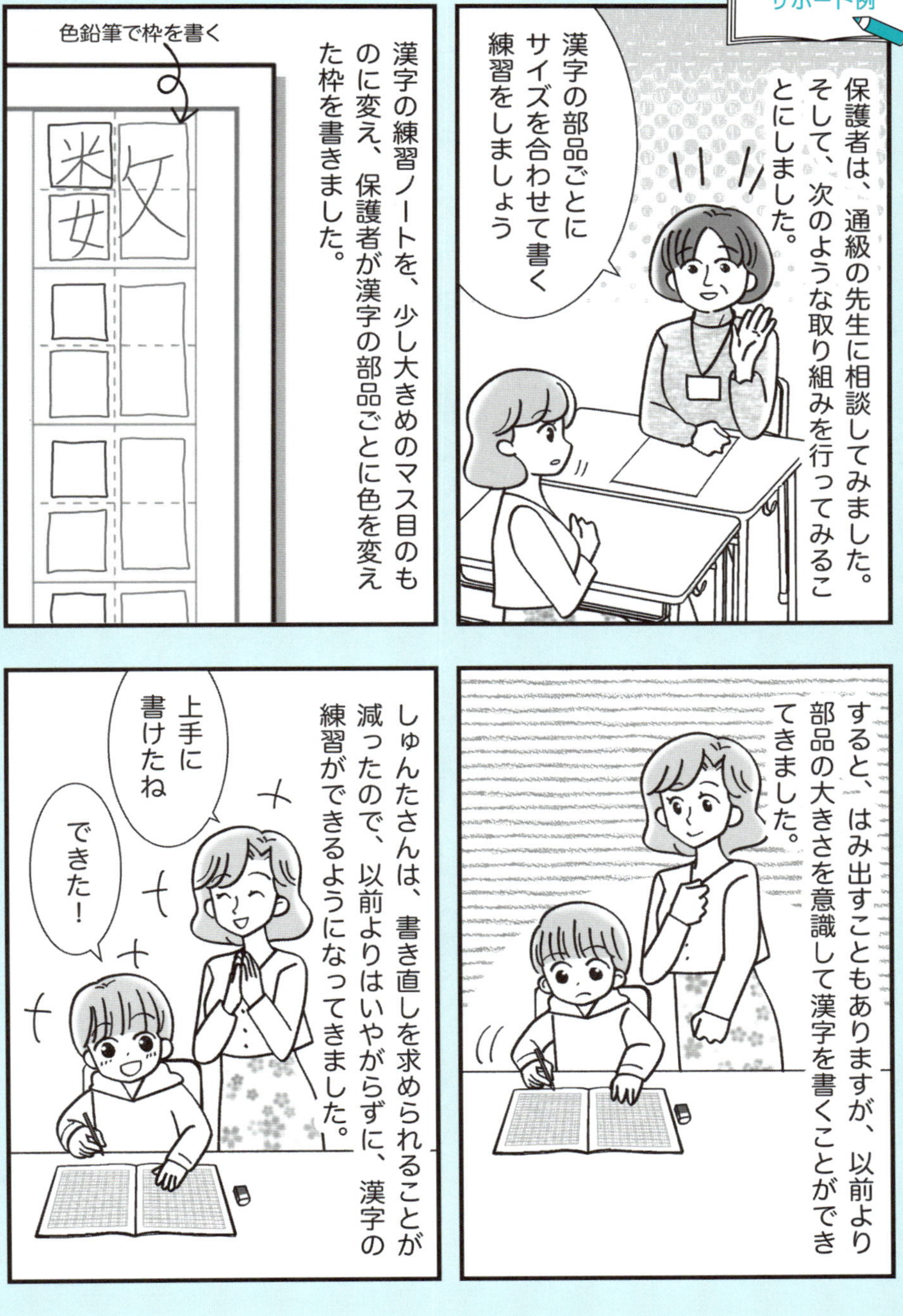
保護者は、通級の先生に相談してみました。そして、次のような取り組みを行ってみることにしました。
漢字の部品ごとにサイズを合わせて書く練習をしましょう
色鉛筆で枠を書く
漢字の練習ノートを、少し大きめのマス目のものに変え、保護者が漢字の部品ごとに色を変えた枠を書きました。
すると、はみ出すこともありますが、以前より部品の大きさを意識して漢字を書くことができてきました。
しゅんたさんは、書き直しを求められることが減ったので、以前よりはいやがらずに、漢字の練習ができるようになってきました。
上手に書けたね
できた！

Case4
解説-1

漢字の部品を意識させる工夫をしましょう

漢字の部品を意識させる

漢字の学習をする際には、その子の苦手なことに対して、どのような工夫をすれば学びやすくなるかを検討することが大切です。

この事例のように、漢字の部品（へんやつくり）を同じマスの中に書けないような子どもは、漢字の部品の形や大きさを意識するのが苦手だと考えられます。そのため、漢字はいくつかの部品に分かれていて、その部品には位置とサイズがあるということを、子どもに意識させる工夫が必要です。字のバランスをあまりうるさく指摘するのはよくありませんが、少しずつでも改善していけるとよいでしょう。

そのためには、ただくり返し漢字を書いても効果はありません。漢字の部品を意識させるために、漢字の部首の名前を伝えたり、何の形に似ているかを子どもと一緒に考えてみたりするのもよいでしょう。最初に漢字を部品に分解してから書くだけでも、文字の大きさやバランスが改善することがあります。

部品を書く枠を書く

保護者ができるサポートとして、大きめのマス目のノートを用意し、大まかでいいので漢字の部品を書く枠を色鉛筆で書き、どれくらいのサイズで書いたらいいのかを示しましょう。

その際、一般的な漢字ドリルでは、一画めは赤、二画めは青、三画めは緑、四画めはオレンジで示されているので、部品を書く順番で色を合わせるとわかりやすいでしょう。

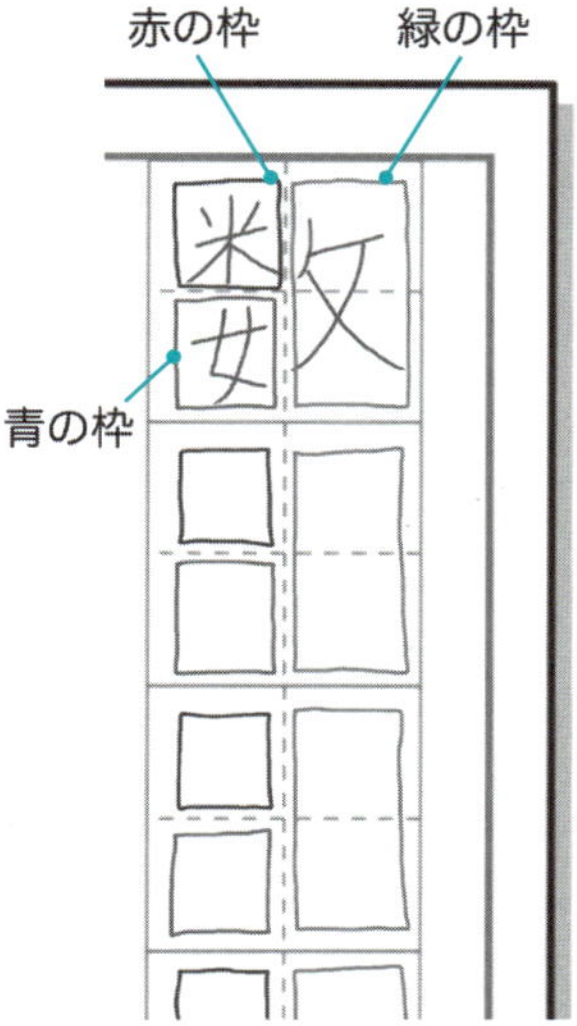

このような教材を使ってみるのもいいですね

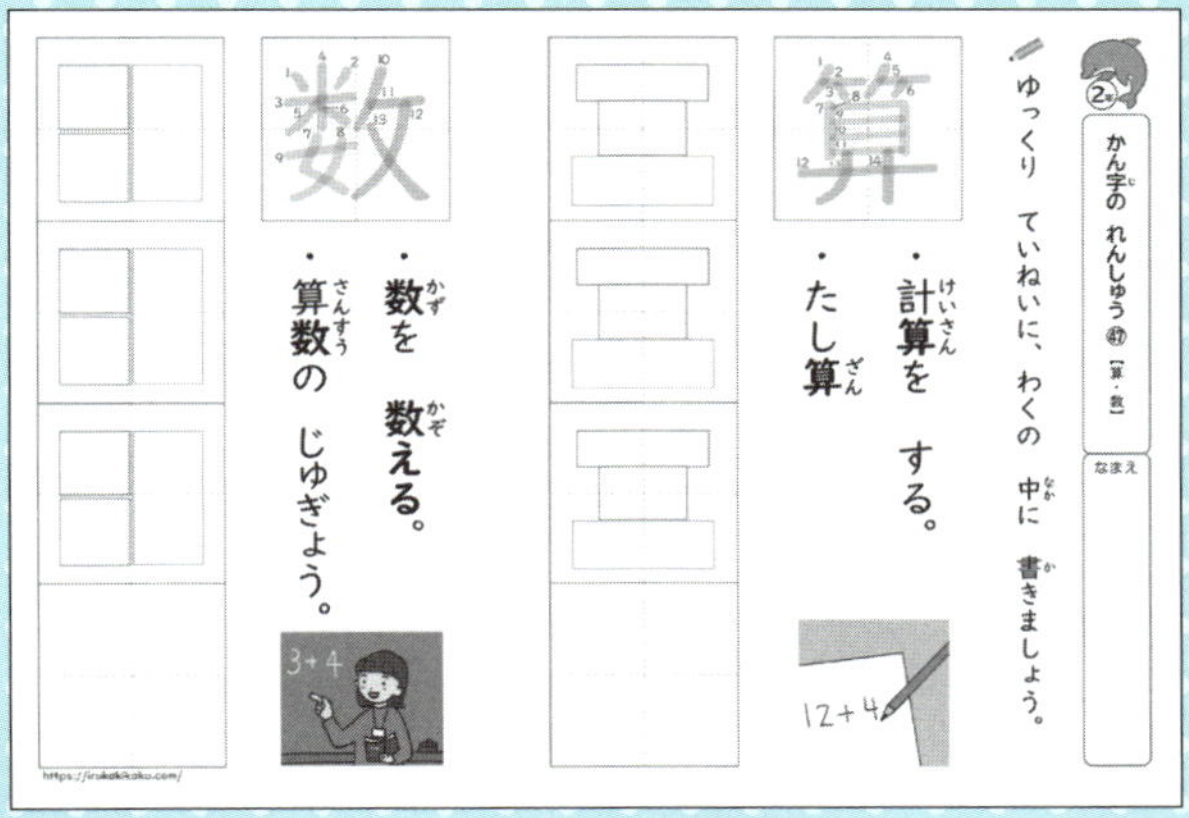

▲カラー枠つき「かんじの れんしゅう」プリント

ダウンロード教材

Case4
解説-2

変化を認めて、ほめる声掛けをしましょう

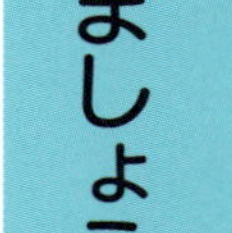

なぜマス目からはみ出すのか

マス目からはみ出して書くタイプの子どもは、空間を正しく認識することが苦手で、文字の全体像をイメージできていない場合があります。最初に書く部品を枠いっぱいに書いてしまい、はみ出す子どももいますし、本人の印象が強い部品を大きく書いてしまう場合もあります。

　空間を認識する力の弱さからこのように書いてしまうのであって、いいかげんに書いているわけではないので、書き直しを求めたり、字が汚いと注意したりしても改善しません。

　このようなタイプの子どもは、文字の書き直しを求められる経験を積んでしまっていることも多く、書き直しをいやがることが多いかもしれません。消しゴムで消して書き直させるのではなく、ノートの別の場所に書かせるなどの配慮をしましょう。子どもなりにプライドがありますから、子どもが書いた文字を保護者が勝手に消してしまうと、子どもの気持ちを傷つけてしまうことがあります。

変化を認めてほめる声掛けを

「もう少し小さく書いて」「はみ出しているよ」というような抽象的な声掛けでは、子どもはどれくらい小さく書けばいいのかわからないので、改善しないことが多いでしょう。

前向きに学習していくために、前に書いたときから少しでも変化があれば、その部分をほめましょう。また、自分の書いた文字を自分でよく見て、どこが大きくなってしまっているのか、次はどのようにしたらうまく書けるかなどを子どもと話し合うのも大切です。できなくても注意したり叱ったりせずに、おだやかに話しましょう。

×わかりにくい声掛け

○次につながる声掛け

もう少し小さく書いて
はみ出してるよ
どこがはみ出しているのかな
次はどう書いたらはみ出さない？

Case 5

書くスピードが速すぎて字形が整わない

りつさんの家での様子

小学2年生のりつさんは、いつも元気いっぱいです。話すときは早口になり、速すぎてろれつが回らないこともあります。

今日、学校でね…

ペラペラ
帰宅後はやりたいことがたくさんあるので、宿題は早く終わらせたいと思っています。

早く宿題を終わらせようとした結果、字形がくずれてしまい、先生から書き直しを求められることが何度もありました。

もういちど、ていねいに書きましょう。

りつさんは、ゆっくり書けば字形がくずれずに書けるのです。でも、書き直すように言うと怒りだすので、保護者は困っていました。

書き直しなさい
うるさいなあ

家庭でできるサポート例

保護者は、担任の先生に紹介されたやり方を試してみることにしました。メトロノームで書く速さを調節するという方法です。
60
メトロノームのアプリをダウンロードし、「カチ」という音が鳴ったらそれに合わせて漢字を書けるくらいの速さに調整します。
カチ
カチ
70
速さは子どもに合わせて調整
宿題の時間に、メトロノームの音に合わせて書くようにうながしたところ、面白がって、音に合わせてゆっくり文字を書けました。
何回かこのやり方を続けたところ、次第にメトロノームなしでも少しゆっくり、字形がくずれないように書けるようになってきました。

Case5 解説-1

ゆっくり書くための工夫をしましょう

ゆっくりていねいに書くメリットに気づかせる

文字を速く書こうとする子どもには、宿題のあとにしたいことがあったり、宿題の内容がいやだったりといった、宿題を早く終わらせたい気持ちが背景にある場合があります。また、文字をゆっくりていねいに書くメリットを知らず、そもそもきれいに書こうという気持ちをもっていない場合もあります。

学校の課題では、速く書くと字形が整わず、書き直す必要が出てくることも多いでしょう。それなら最初からゆっくりていねいに書いたほうが、短時間で課題が終わります。

宿題を早く終わらせたいという子どもであれば、「文字はゆっくりていねいに書いたほうが、書き直す必要がなく短時間で宿題が終わる」といった**メリットに気づかせていくことが大切**です。このようなメリットは、大人が一度説明しただけでは理解できないことも多いので、折に触れて声掛けをしていきましょう。

書く速さを意識させる工夫

慌てて速く書いてしまう子どもに「ゆっくり書こう」と言っても、どれくらいの速さで書けばいいのかわからないことがあります。スピードを意識させるために、この事例のようにメトロノームなどを用い、書く速さを耳で意識させる方法があります。

このように、音や道具を使ったサポートでは、子どもが面白いと思う方法をうまく取り入れると学習自体が楽しくなります。

逆に、子どもが苦痛に思うやり方で無理にやらせても効果がないので、子どもに合ったやり方を探すことが大切です。

メトロノーム以外の音

この事例では、メトロノームのアプリを使用していますが、YouTube などでもメトロノーム音を視聴できます。

また、クラシック音楽など、歌詞のないおだやかなピアノ曲や、オルゴールの曲などをかけたほうがいいタイプの子どももいます。曲を選ぶ際、子どもが知っている歌詞付きの曲では、歌が入っていなくても歌ってしまい、学習に集中できないことがあるので注意しましょう。

ホワイトノイズ、バイノーラルビートとよばれる音を聞くと集中力が増すということも知られてきています。子どもの好みを確かめながら利用してみるのもよいでしょう。

ていねいに書くよさに気づくような声掛けをしましょう

子どもの特徴を否定しすぎない

慌てて速く書いてしまう子どもには、頭の回転が速い、行動するのが速いといった特徴がある場合があります。人の特徴というのは、よい特徴とよくない特徴が表裏一体であり、このような子どもは、行動が雑というよくない特徴がある反面、頭の回転が速いというよい特徴があるともいえます。よくない特徴の裏に、よい特徴も隠れているということですから、子どもの特徴を否定しすぎないように気をつけましょう。否定的なことばかり言い続けると、書くことすべてがいやになってしまうこともあります。

現代社会では、大人になれば、ほとんどがパソコン入力になり、手で文字を書くことは少なくなりますが、高校生までは手で文字を書くことを求められます。テストや課題で字が乱雑だと、読む人に内容が伝わらず、評価が低くなることもあるので、ゆっくりていねいに書くことのメリットは、くり返し伝えていくとよいでしょう。

気づきをうながす声掛けを

このような子どもには、どのような声掛けをするとよいでしょうか。「あなたはいつも字が汚い」「こんな字では読めない」といった否定する言葉ばかり言われていたら、学習意欲を失います。また「書き直しなさい」という指示も、いやがる子どもが多いです。

子どもが、ゆっくりていねいに書くことのよさに気づけるような声掛け（「ゆっくり書くと直さなくてすむからいいね」など）や、子ども自身に学習内容を選択させる声掛け（「ゆっくりていねいに書くために、今日は何を使って勉強する?」など）を心掛けるとよいでしょう。

×字を否定する声掛け

きたない字だな
書き直しなさい！
ゆっくり書くと直しがなくていいね
今日は何を使って勉強する？

○気づきをうながす声掛け

Case 6

一度書いた文字を修正したがらない

みなとさんの家での様子

小学2年生のみなとさんは、宿題のとき、お母さんからまちがいを指摘されて不機嫌になることが多いです。
ほら、この字まちがってるよ書き直して
……
ノートやプリントに書いた字を自分で見直すように言っても、見直そうとしません。
終わったら見直しなさい
ちゃんと書いたからもういい
そのため、お母さんが誤字を消しゴムで消してそこに書くようにうながしましたが、書こうとしません。
ほら消したから
もういいの
担任の先生は空欄があっても何も言わないのでみなとさんはますますお母さんの言うことを聞かなくなり二人の間が険悪になってきました。
バツになんないからいいの。お母さんあっち行って！

家庭でできるサポート例

担任の先生に相談したところ、学校では、誤字はあるものの不機嫌になることはなく、自分のペースで文字を書いているそうです。
読み書きもがんばっていますよ
……
先生からは、自分の文字が正しいと思っているみなとさんに「やり直し」を求めるのは難しいので「もう一つ書く」ことを勧められました。
消さずに、もう一つ書くことをうながしてみましょう
お母さんが言い方を変えた結果、みなとさんは素直に聞くことが増えました。
ここ、もう一回書ける？
うん
次第に自分でも誤字に気づけるようになってきました。お母さんとの関係も良好になり、学習が楽しそうです。
あ、ここまちがえちゃった

Case6
解説-1

書いた文字を認めた上で、修正に慣れさせましょう

まちがっていると思っていない場合も

書き直しに強く抵抗する子どもの中には、自分の書いた文字が正しいと思い込んでいる、つまり、まちがっているとは思っていない場合があります。そのような子どもに、「見直し」や「やり直し」をうながしても、「なんでまちがっていないのにやり直さないといけないの？」と、より強く抵抗する可能性が高いです。

こういった場合、まちがったことを指摘するのではなく、「もう一度書いてほしい」ということを強調する必要があります。もう一度書くときに、保護者が選択肢を作って正しい文字を選択させるなど、子どもが抵抗なく取り組めるような工夫をしましょう。

まちがってるよ
まちがってないもん

子どもの文字を認める

就学前には日々ほめられるばかりだった子どもも、小学校に入ると毎日宿題が出るため、家庭でまちがいを指摘されることが急増します。注意されることに慣れていない子どもは、まちがいを指摘されたり、修正されたりすることが大きな負担になることがあります。毎日続くと、親子関係が悪化してしまうこともあるので注意が必要です。

子どもが書いた文字は、まず認めることが大切です。まちがっていたら、それを消しゴムで消すことでマイナス扱いにするのではなく、正しい文字をプラスして書かせることが、子どもの文字を否定していないという意思表示につながります。

「文字のまちがい探し」をする

子どもが自分で文字のまちがいに気づけるようにするために、「文字のまちがい探し」に取り組むことも一つの方法です。

保護者が、まちがっている文字を子どもに提示し、子どもが赤鉛筆で直します。このような練習をすることで、子ども本人がまちがいを指摘する立場になってみるのです。

直すことに慣れることで、直されることへの抵抗を少し減らすことができます。また、まちがいを指摘される前に自分で気がつき、自分で修正できるようになることにもつながります。子どもと一緒にゲーム感覚で楽しく取り組んでみましょう。

Case6
解説-2

まちがいを強調するよりも、できていることを尊重しましょう

理由に応じたサポートを考える

子どもが、一度書いた文字を修正しない理由には、「正しい文字がわからない」「まちがいに気がついていない」「直すことがいや」など、さまざまなことが考えられます。

正しい文字がわからない場合

本人も違和感を覚えながら書いていることが多いので、比較的修正はしやすいです。もう一度書くときに、文字の一部分をヒントとして提示するのもよいでしょう。また、答え合わせを自分でさせることで、正しい字を認識させるとよいでしょう。

まちがいに気がついていない場合

まちがって覚えた文字の修正には、覚えたときの倍以上の時間がかかるので注意が必要です。自分の答えを注意して見ることができていないようであれば、書いたら見直す習慣ができるように、最初は保護者と子どもが一緒に見直す練習をするとよいでしょう。

できていることを尊重する声掛けを

この事例のように、自分の書いた文字を正しいと思っている子どもの場合、何度も修正を求めることが逆効果となり、学習意欲をそぐことになりかねません。

「まちがってるよ」「書き直して」「消しなさい」など、できないことを強調するのではなく、「ここはうまく書けているね」「この字はきれいに書けたね」「この部分をていねいに書いていていいね」など、**できていることを尊重**しながら、正しい文字に修正できるようにうながしていきましょう。

×学習意欲をそぐ声掛け

○学習意欲をもたせる声掛け

まちがってるよ
はやく書き直して
ここはうまく書けているね
この字はきれいに書けたね

Case 7

ゆうまさんの家での様子

消しゴムでうまく文字を消せない

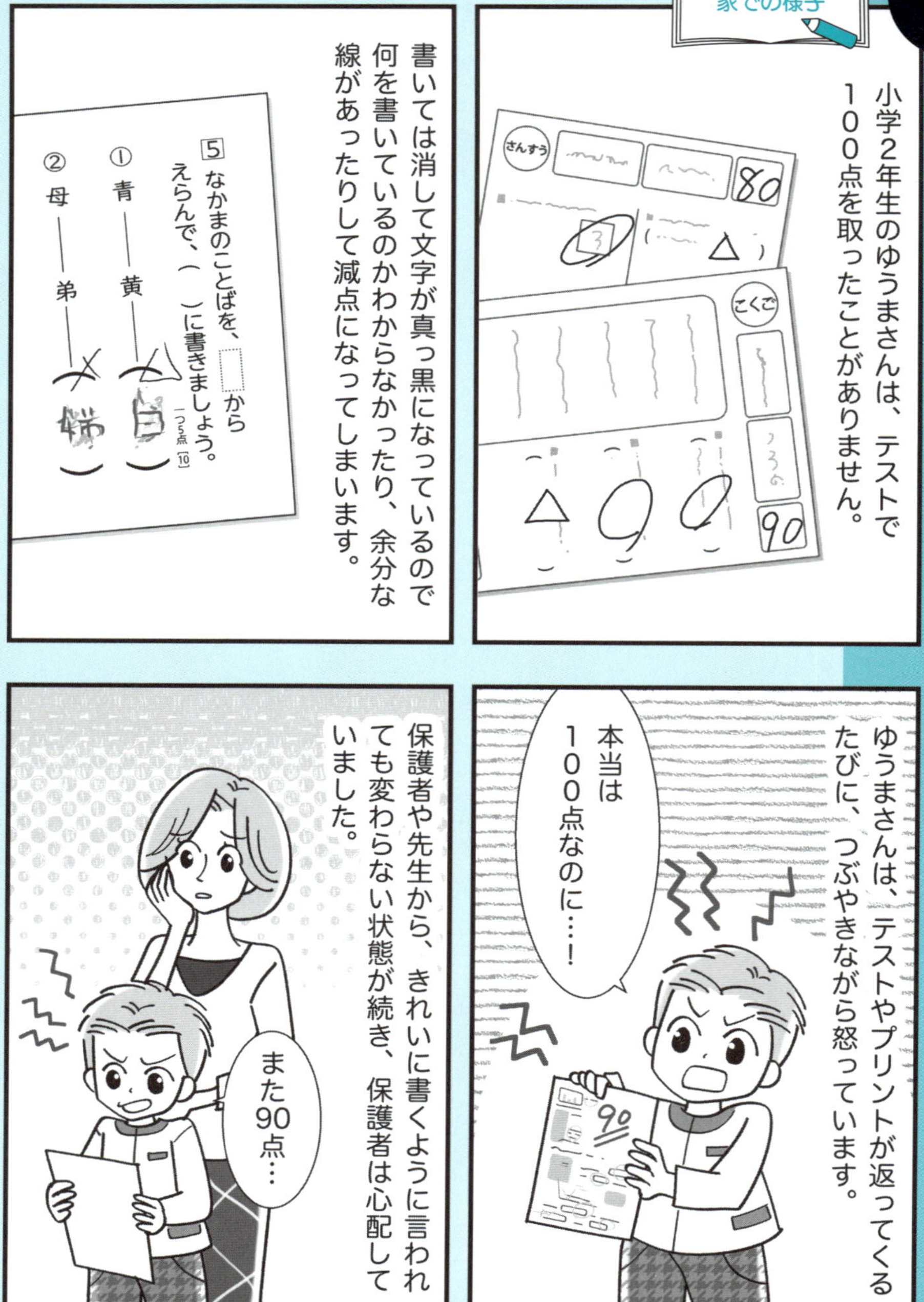
小学2年生のゆうまさんは、テストで100点を取ったことがありません。
さんすう
80
こくご
90
書いては消して文字が真っ黒になっているので何を書いているのかわからなかったり、余分な線があったりして減点になってしまいます。
5 なかまのことばを、□から
えらんで、（　）に書きましょう。

一つ5点【10】
① 青―黄―（　）
② 母―弟―（　）
ゆうまさんは、テストやプリントが返ってくるたびに、つぶやきながら怒っています。

本当は100点なのに……！

90
保護者や先生から、きれいに書くように言われても変わらない状態が続き、保護者は心配していました。

また90点…

家庭でできるサポート例

担任の先生に相談し、まずは「消す」練習をすることになりました。最初はホワイトボードで練習し、すぐできるようになりました。
消してみて
かんたん！
それから、鉛筆で黒く塗った紙に消しゴムで線を引く練習や、まっすぐの線の一部を消す練習をしました。
ゆうまさんの場合は、消しゴムは使えていましたが、逆の手で紙を押さえられていないことがわかり、それも意識して練習しました。
左手で紙をぎゅっとすると、消しやすいよ
ごしごし
ぎゅっ
その結果、少しずつテストで満点を取れる日が増えてきて、学習に対する前向きな発言も増えてきました。
これは消しゴムのせいだな次は100点取るぞ
95

Case7
解説-1

苦手な行動を取り出して練習しましょう

苦手の原因になる行動を練習する

この事例では、急いで書いて、急いで消してをくり返すうちにテスト用紙やノートが真っ黒になってしまい、テストの点が減点されるという問題がありました。

学校では、書く練習はしますが、消す練習はしません。そのため、消す練習をゲームのように楽しく行うことで、消すことへの抵抗感が減り、学習に対して前向きな姿勢が出てきました。

このように、問題になっていることの原因がわかる場合は、その原因となっている行動（この事例では、消しゴムで消すこと）を取り出して練習するとよいでしょう。

紙を押さえることを意識する

消しゴムの使い方の練習をすると、動かし方に注目しがちですが、うまく消せない子どものほとんどが、紙を押さえられていません。そのため、消しゴムの動きに合わせて紙も一緒に動いてしまっているのです。

手で紙を押さえて固定することが、きれいに文字を消すための近道です。小さい範囲を消したいときには、親指と人差し指で消す文字を囲むように押さえて、その間を消しゴムでなぞるというイメージがもてるとよいでしょう。

ホワイトボードなどを使う

この事例のようにうまく文字を消せない子どももいれば、自分の書いた文字を消したくないという子どももいます。そういった場合は、ホワイトボードやタブレットを活用するのも効果的です。

ホワイトボードに書いた文字は、消す前提で書きますし、消しゴムのような力加減の調整をせずに消すことができます。また、タブレットでは、消しゴムツール、戻るツールなどを使って、簡単に削除も保存もできます。

まずは消すことへの抵抗感を減らすために、紙以外の道具を活用してみるのもよいでしょう。

Case7
解説-2

落ち着いて行動できるような練習をしましょう

行動をパターン化する

この事例のような子どもは、落ち着いて行動することや、順序立てて物事を進めていくことが苦手で、ADHD傾向（18ページ参照）が強いことが予想されます。

テストでまちがったことに焦ってしまい、修正しなければいけないという気持ちがさらに焦りを膨らませて、急いでみるもののうまく修正ができずに、さらに焦りが募っていく……という悪循環に陥《おちい》ってしまうのです。

テストでまちがえたら、心の中で、「消しゴムできれいに消す↓正しい文字を思い浮かべる↓正しい文字を書く↓残り時間内に終わる」という順序立てた計画を立てられるとよいのですが、このようなタイプの子どもは、考えるよりも先に行動を始めてしまっていることが予想されます。

そのため、まずは一つ一つの苦手な行動を取り上げて練習し、行動をパターン化することで、焦らずに行動できるようにしていくことが大切です。

「3秒カウント」で落ち着く

焦ってしまう子どもには、テストなどで解答を始める前に、「3秒カウント」（心の中でゆっくり3つ数える）をすることをすすめてみましょう。カウント中に、まずは落ち着いて、何から始めるべきか、次に何をしようか、と考える余裕をもつことができます。

消しゴムの使い方に関しても、うまく消せないと焦るのではなく、まずは「3秒カウント」をして、どうしてうまく消えないのかを考えるようにします。力の入れ具合が足りないのか、紙を押さえていないのかなど、自分でうまくいかない理由を見つけられるようになると、改善しやすくなります。

この流れをくり返しているうちに、次第に意識しなくても、消すことなどの行動がパターン化され、焦らずに順序立てた行動ができるようになるでしょう。

「3秒カウント」は、テスト以外の場面でも有効です。焦っているときは、「3秒カウントしてみよう」と声を掛けてみましょう。

Case 8

そうたさんの家での様子

文字の書き方にこだわりがあり時間がかかる

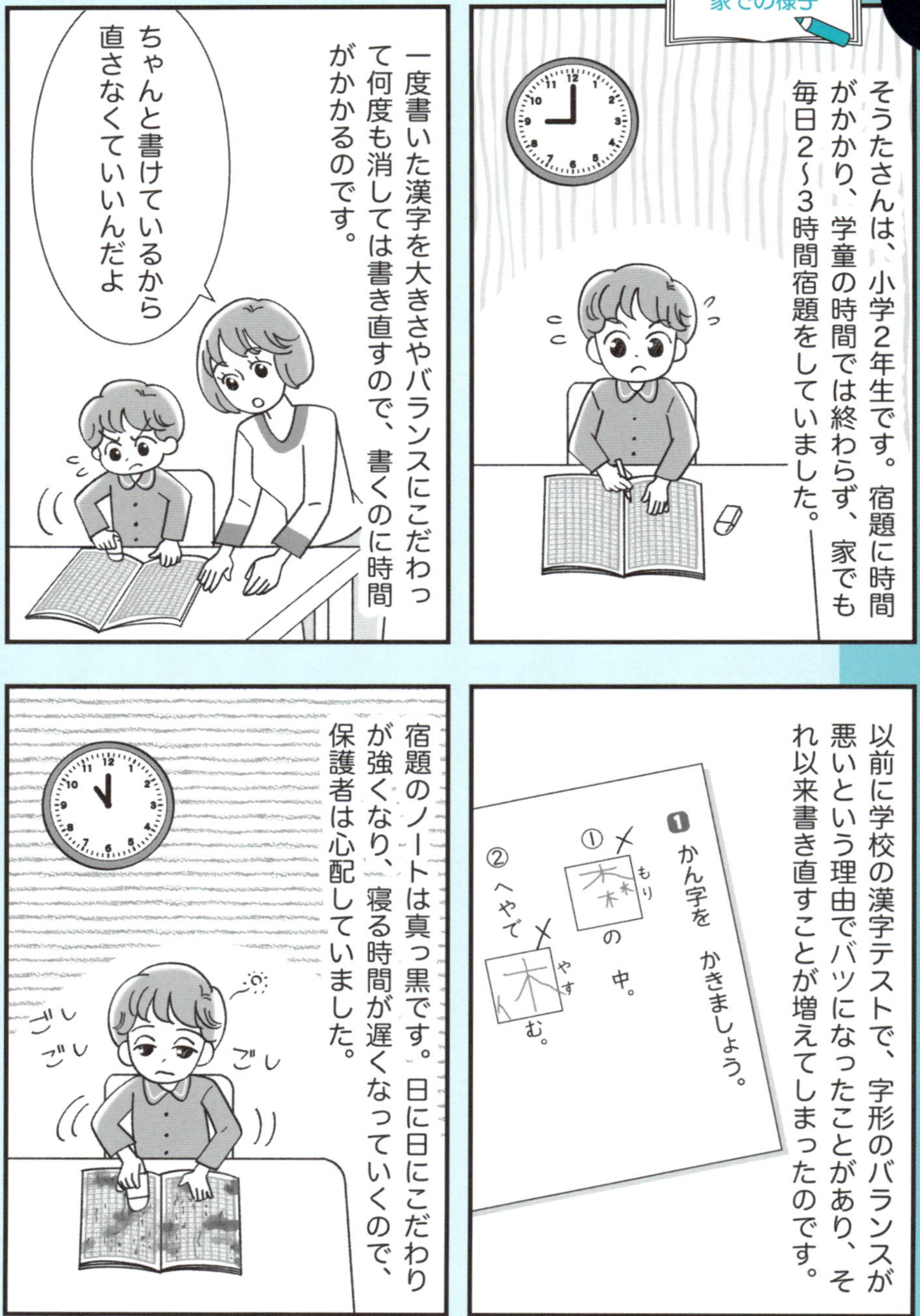
そうたさんは、小学2年生です。宿題に時間がかかり、学童の時間では終わらず、家でも毎日2～3時間宿題をしていました。
一度書いた漢字を大きさやバランスにこだわって何度も消しては書き直すので、書くのに時間がかかるのです。
ちゃんと書けているから直さなくていいんだよ
以前に学校の漢字テストで、字形のバランスが悪いという理由でバツになったことがあり、それ以来書き直すことが増えてしまったのです。
1 かん字を かきましょう。
① もり の 中。
② へやで やす む。
宿題のノートは真っ黒です。日に日にこだわりが強くなり、寝る時間が遅くなっていくので、保護者は心配していました。
ごし ごし
ごし

家庭でできるサポート例

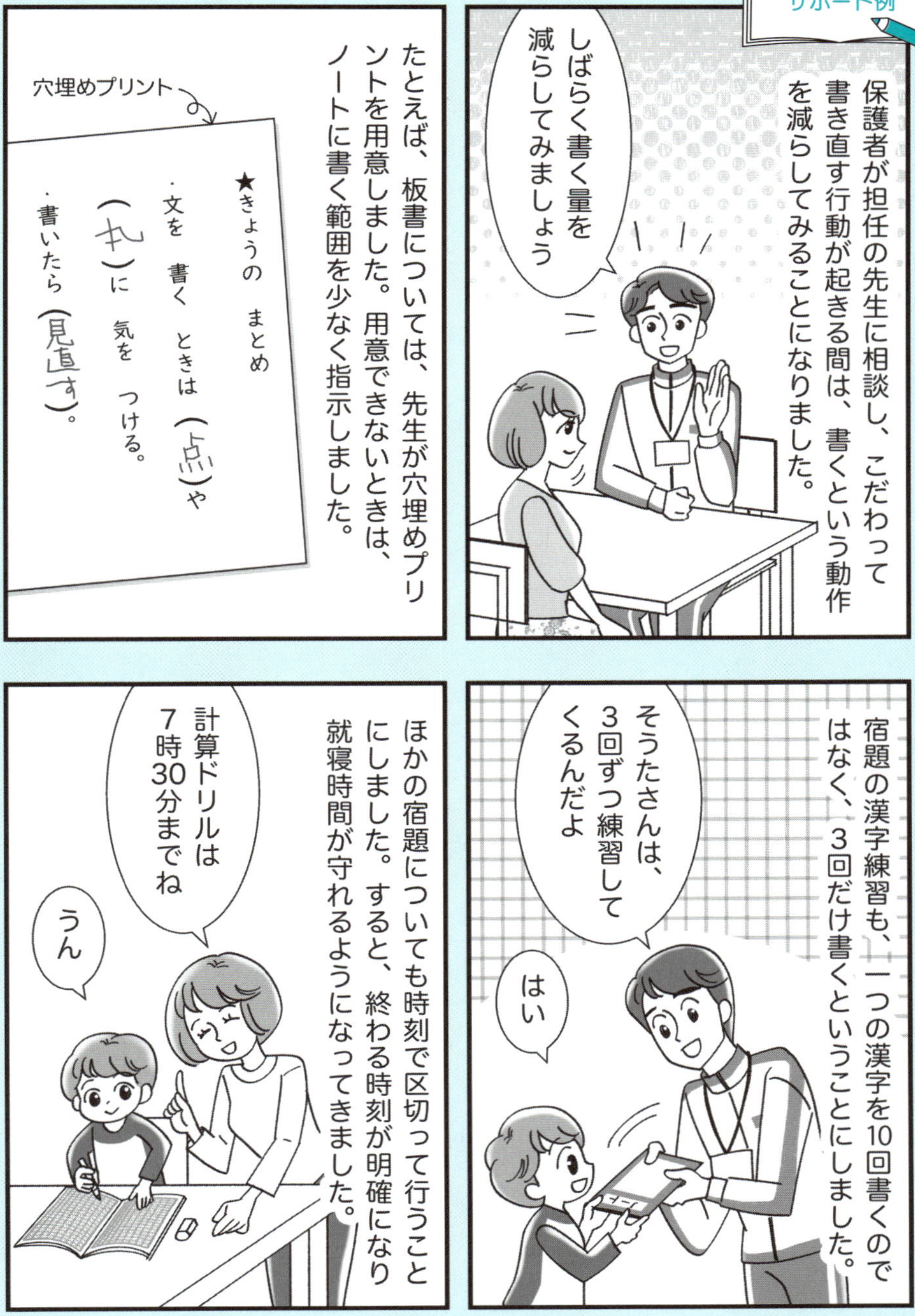

保護者が担任の先生に相談し、こだわって書き直す行動が起きる間は、書くという動作を減らしてみることになりました。
しばらく書く量を減らしてみましょう
たとえば、板書については、先生が穴埋めプリントを用意しました。用意できないときは、ノートに書く範囲を少なく指示しました。
穴埋めプリント
★きょうの まとめ
・文を 書く ときは (点)や (丸)に 気を つける。
・書いたら (見直す)。
宿題の漢字練習も、一つの漢字を10回書くのではなく、3回だけ書くということにしました。
そうたさんは、3回ずつ練習してくるんだよ
はい
ほかの宿題についても時刻で区切って行うことにしました。すると、終わる時刻が明確になり就寝時間が守れるようになってきました。
計算ドリルは7時30分までね
うん

Case8
解説-1

こだわりを尊重しながら、サポートを工夫しましょう

こだわりを尊重しながら軌道修正する

一つの課題に取り組み始めると、納得できるまでとことん突き詰めてしまうタイプの子どもがいます。勉強だけではなく、ゲームやテレビなど、好きなものに集中し続けてしまう場合もあります。

夢中になっている子どもには、無理に中断をうながすよりも、満足するまでやらせること、終わるまで待つことが大切です。

しかし、深夜まで宿題をするなど、日常生活に支障をきたす場合には、軌道修正が必要です。修正する際もこだわりは尊重し、肯定的な関わりをしていきましょう。

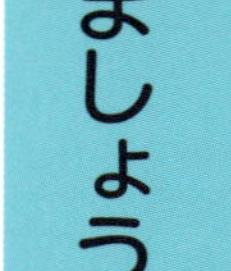

穴埋めプリントなどの利用

書くことに時間がかかる場合には、書かなければならない量を減らしましょう。根本的に「書く」という動作を減らすことで、課題の取り組み時間が短縮されます。

穴埋めプリントなどを活用すると、重要な言葉だけを書けば課題が終了します。子どもがもっている「全部書かなければいけない」という考え方を、「空欄を埋めたら終わってもいい」という感覚に変えていくことが大切です。

ただし、自分で全部書きたいという意欲が強い場合には、本人の希望を優先しましょう。

ページではなく時刻で区切る

「宿題を○ページやらなければいけない」というルールから、「○時までで終わり」という方向に転換することも大切です。

この事例のように、自分の書く文字に納得できるまで宿題を終えられない子どもであっても、「○時になったら終わり」という思考に変わると、課題を終えやすくなります。

ただし、課題がきちんと終わらないと満足できない場合もあるので、保護者が提示する終了時刻は、ちょうど終わりそうな時刻ではなく、余裕をもって終われそうな時刻に設定しましょう。

Case8
解説-2

抵抗なく修正できるような環境づくりをしましょう

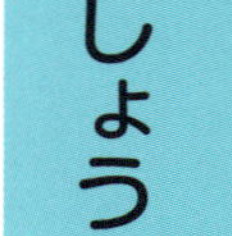

気持ちを尊重しながら終わりを示す

この事例の子どもは、文字を書くことが苦手というよりも、書き方にこだわりがあるASD特性の強いタイプです（20ページ参照）。

周囲が見てうまく書けていたり正解だったりしていても、本人にとってはうまく書けていないということもあります。その場合、周囲の大人が、「とてもきれいに書けているよ」「うまく書けているのになぜ消すの」という評価をすることは、本人の気持ちを否定することにつながってしまうこともあります。

そのため、**書き直したいという気持ちや本人の自己評価は尊重しながら、課題を終えるための道筋を示す**ことが大切です。

また、過去のできごと（テストでバツになった、字の書き方を注意されたなど）への不安が背景にあるということも考えられます。その場合は、日々のテストや宿題の中で肯定的なフィードバックを積み重ねていくことで、書くことへの不安を取り除いていく必要があります。

抵抗なく修正できる環境づくりを

まちがうことを極端に避けたがるタイプの子どもには、保護者が答え合わせをしてまちがいを指摘するのではなく、自分で答え合わせをするという選択肢を提示するのもよいでしょう。

文字を練習するときは、常にお手本が見える状態にして、自分で書く文字とお手本を見比べられるようにします。そして、子ども自身が納得できる文字を書く経験を重ねることで、「わかる」「できる」という自信を積み上げていくことが大切です。

また、答え合わせを保護者や先生が行う場合、誤答にバツをつけるのではなく、正答に丸だけをつけるという方法もあります。その場合、誤答をそのままにしておくのではなく、「丸以外はもう一度チェックしよう」などのルールを作り、本人が抵抗なく修正できる環境をつくることが大切です。

column
コラム2

家庭での学習環境の整え方

まだ自分から学習する習慣ができていないうちは、リビングやダイニングなど、保護者の目が届きやすい場所で学習するのがおすすめです。

保護者の目の端に入るところで学習することで、今何をしているかもわかりますし、気が散りそうになったら声を掛けることもできます。

机やテーブルの上には学習に必要な物だけを置き、気が散りそうなものは目に入らないようにしましょう。

リビングなどの生活空間にはさまざまな物が置いてあり、その一つ一つが集中を阻害する刺激になってしまうこともあります。机を置くのであれば、机といすを壁に向けて置き、子どもが余計な刺激に振り回されないように配慮することも大切です。

リビングの状態によっては、そのように集中できる場所を作れないかもしれません。最近では、学習用の卓上パーテーションなども販売されているので、集中が途切れがちな子どもには活用してみるのもよいでしょう。

38ページでも紹介したように、いすや机の大きさも大切です。リビングのいすで足がぶらぶらしていると、姿勢が悪くなり、集中しにくくなります。足元に台を置くなど、安定して座れるように工夫しましょう。

PART 4

文字や文の読み書きについてのサポート

Case 9

小さい「ゃ・ゅ・ょ・っ」を読むのが苦手

やまとさんの家での様子

やまとさんは、小学1年生です。いろいろなことに興味をもって挑戦していて、勉強にも一生懸命です。
入学前から文字の練習をしていたので、1学期はみんなと同じペースで学習できていましたが、夏休み明けから学習が遅れがちになりました。
さんすう
60
こくご
40
ひらがなの五十音は読めますが、小さい文字（ゃ・ゅ・ょ・っ）が含まれると急に読めなくなります。
「しりけん」じゃなくて「しゅりけん」だよ
あ、そうか
音で聞くと正しく言えるのですが、音読の宿題でも正しく読めていません。保護者が訂正しようとするといやがります。
今の読み方ちがうよ
今やってるんだから言わないで！
こくご

家庭でできるサポート例

やまとさんは、学校からの勧めで言葉の教室に通うことになりました。そして、家ではカードを使った練習をすることになりました。
きゃ
しゃ
ちゃ
小さい文字が含まれた文字カードをめくりながら、声に出して言う課題です。
めくって いくよ
ちゃ
すぐに発音できない文字については、知っている単語をヒントにしました。
き…
きゃべつの「きゃ」だよ
宿題の合間に毎日取り組んだところ、小さい文字はもちろん、音読全般が上手になっていきました。
りっぱな かぼちゃが…
こくご

Case9
解説-1

知っている言葉や遊びを通して練習しましょう

知っている単語で練習する

あいうえお表は読めても、「きゃべつ」や「かぼちゃ」のような、小さい「ゃ・ゅ・ょ・っ」（拗音・促音）を含む言葉を読むのが苦手な子どもがいます。この事例の子どもは、音読をするときに拗音を読み詰まったり、何度も同じ音をくり返したりするという特徴がありました。

このように、「きゃ」「きゅ」「きょ」を1文字ずつ声に出して読むことが難しい場合は、「きゃべつの〝きゃ〟」「きゅうりの〝きゅ〟」「きょうかしょの〝きょ〟」のように、知っている単語で読み方を覚える方法がおすすめです。知っている単語で練習すると、単語を頭の中でイメージしやすくなるので、音を思い出しやすくなります。

遊びの中で音韻意識を高める

文字と音との対応関係の理解が難しい子どもの中には、音韻《おんいん》意識が低いタイプの子どもがいます。音韻意識とは、「きつね」が3つの音で構成されていることや、「きつね」の「ね」が3つめの音であることを認識できる能力のことです。

遊びの中で音韻意識を高める方法として、しりとりがあります。4文字しりとり（たまねぎ→ぎんこう→うめぼし……）や、3文字なかとり（いちご→ちくわ→くるま→るびい……）など、遊びの中で、言葉の音の数や位置に注目させていきましょう。

このような教材を使ってみるのもいいですね

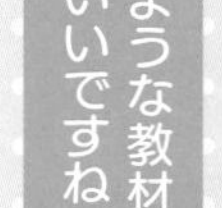

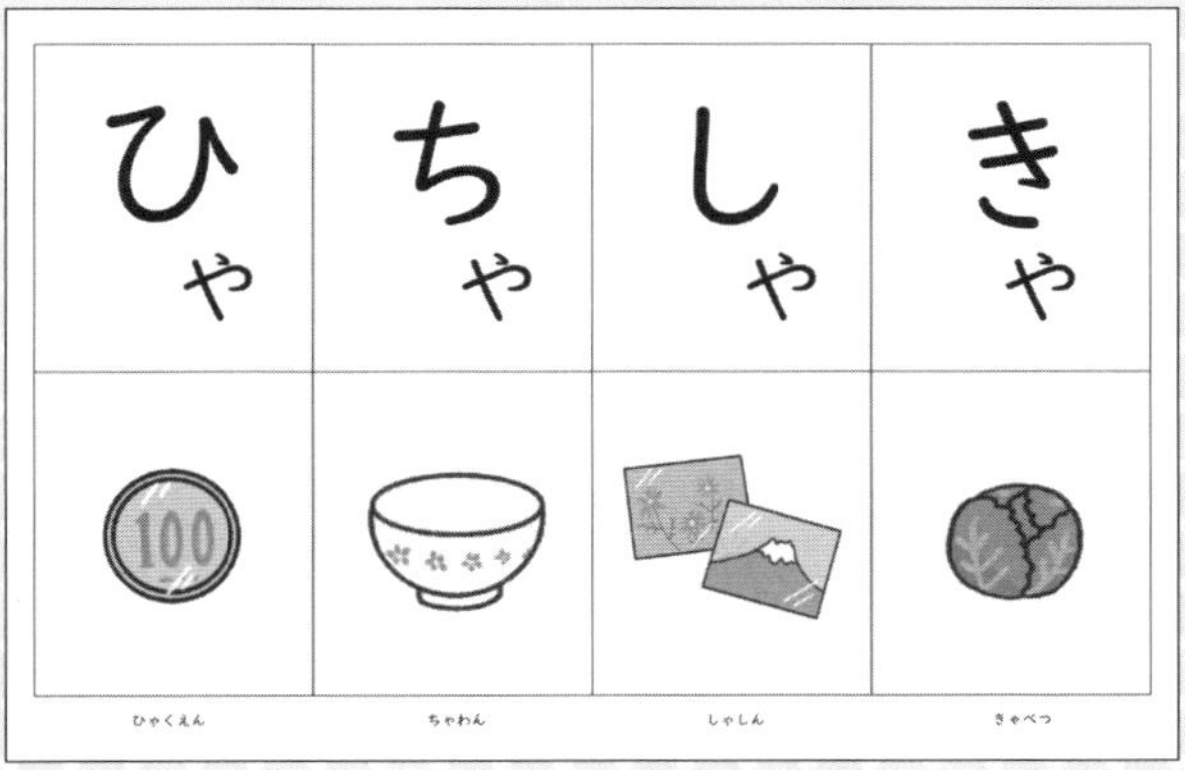

▲小さい「ゃ・ゅ・ょ・っ」フラッシュカード

ダウンロード教材

Case9 解説-2

「見る」練習をして、できることを増やしましょう

「文字を見る」練習をする

この事例のような子どもには、文字と音との対応関係を理解することの苦手さが背景にあることがあります。文字を見てもすぐに音に変換できないため、読める文字だけを音読して「しゅりけん」を「しりけん」と読んでしまうのです。

このような場合は、読むよりも「文字を見る」練習をする必要があります。読めないと思い込んで、よく見ていないだけの子どもも多いため、まずはよく「見る」ことを意識して練習させましょう。

そのために活用できるのが、一つの音や、一つの単語で構成されたフラッシュカードです。フラッシュカードでは、練習したい文字だけに注目することができます。また、めくると一瞬で見えなくなるため、集中力が続かない子どもにも取り組みやすい課題です。

フラッシュカードは、めくりながら読むだけではなく、文字とイラストをカルタやトランプのようにして遊ぶのもおすすめです。イラストを手がかりにしながら音を思い出す練習になります。

できることを増やす工夫を

ひらがなの読みが苦手な子どもの中には、言葉の意味の理解が苦手な子どももいるため、子どもにとって身近な言葉と文字を結びつけていくことが大切です。知っている言葉は子どもによって異なるため、その子にとってイメージしやすい単語リストを作成して、フラッシュカードやカルタにするのもよいでしょう。

言葉の学習をするときは、できないことを指摘することが多くなりがちですが、それよりも、できることを増やすための工夫をすることが大切です。フラッシュカードのように一人でも取り組める課題は、子どもの自信につながります。また、短時間でできるので、くり返し取り組みやすいでしょう。

なお、読み書きの苦手さだけではなく、背景に全般的な理解力の低さがある場合もあるので、心配な場合には専門機関で相談してみましょう。

Case 10

さやかさんの家での様子

ひらがなの単語の読みが苦手

さやかさんは、小学2年生です。1文字ずつのひらがなは読めるのですが、単語を読むのが苦手です。

こ、こ…

読むときは、ゆっくりでたどたどしく、1文字1文字を拾いながら読んでいます。

こ、の、よ、う、に
読むのに時間がかかるので、授業中に指名されても読もうとしなくなってしまいました。

さやかさん、続きを読んで
…

教科書に出てくる単語や文はだんだん長く、難しくなっていきます。どんどん国語が苦手になりそうで、保護者は心配していました。

家庭でできるサポート例

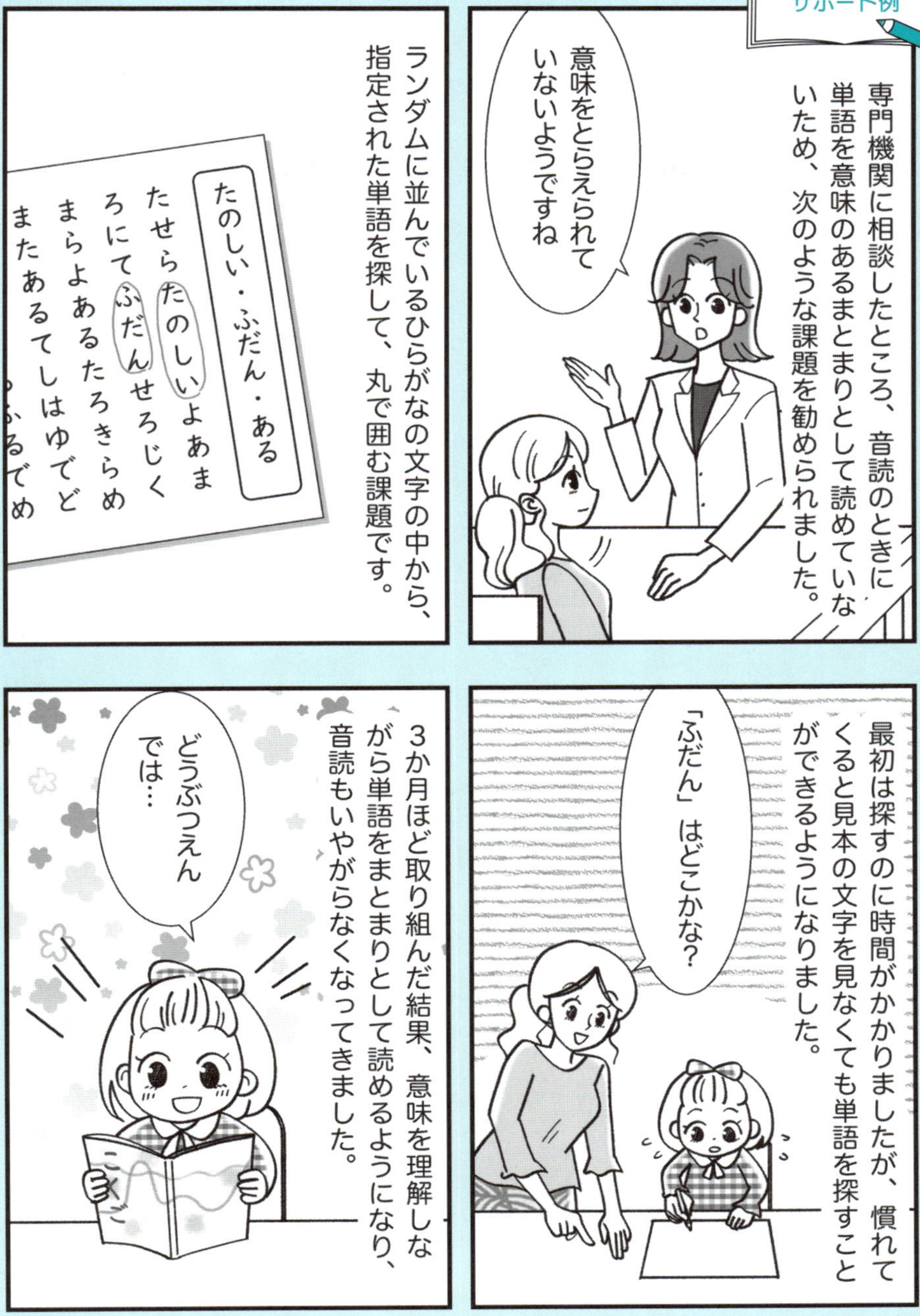
専門機関に相談したところ、音読のときに単語を意味のあるまとまりとして読めていないため、次のような課題を勧められました。
意味をとらえられていないようですね
ランダムに並んでいるひらがなの文字の中から、指定された単語を探して、丸で囲む課題です。
たのしい・ふだん・ある
たせらたのしいよあま
ろにてふだんせろじく
まらよあるたろきらめ
またあるてしはゆでど
ふるでめ
最初は探すのに時間がかかりましたが、慣れてくると見本の文字を見なくても単語を探すことができるようになりました。
「ふだん」はどこかな？
3か月ほど取り組んだ結果、意味を理解しながら単語をまとまりとして読めるようになり、音読もいやがらなくなってきました。
どうぶつえんでは…

Case10
解説-1

無理に音読させず、単語探しの練習から始めましょう

目や指で文字を追わせる

音読が苦手な子どもは、声に出して読むことを次第に避けるようになっていくことが多いです。1年生のうちは周りも同じように読めないので気にならないのですが、2年生になると、周りは読めるようになっていくのに自分だけができないことに気がつきます。すると、人前で音読することを拒否するようになっていきます。

そのような場合には、無理に音読させようとせず、家庭では保護者が読むのに合わせて目で字を追うことや、指でたどる練習をするのがよいでしょう。今どこを読んでいるのかを、子どもが理解していることが大切です。

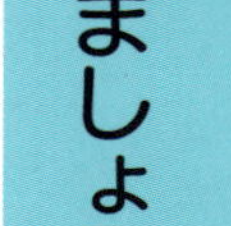

文字列の中から単語を探す

　声を出しながら読むことに抵抗がある子どもには、ランダムに並んだ文字列の中から単語を探す課題がおすすめです。文字を声に出して読まなくても指定された単語を探せるということは、文字の組み合わせを言葉として認識できているということになります。

　この課題に取り組むのが難しい場合には、見本と同じ文字を探すことから始めましょう。また、２文字のような短い単語から練習を始めて、少しずつ長い単語に取り組むのもよいでしょう。慣れてくると、単語を文字ではなく音で提示しても、自分で探すことができるようになります。

　下記に紹介しているような教材もありますが、用意できない場合は、教科書の先の単元の文章の中から単語を選び、文章の中から探す練習をするのもよいでしょう。

このような教材を使ってみるのもいいですね

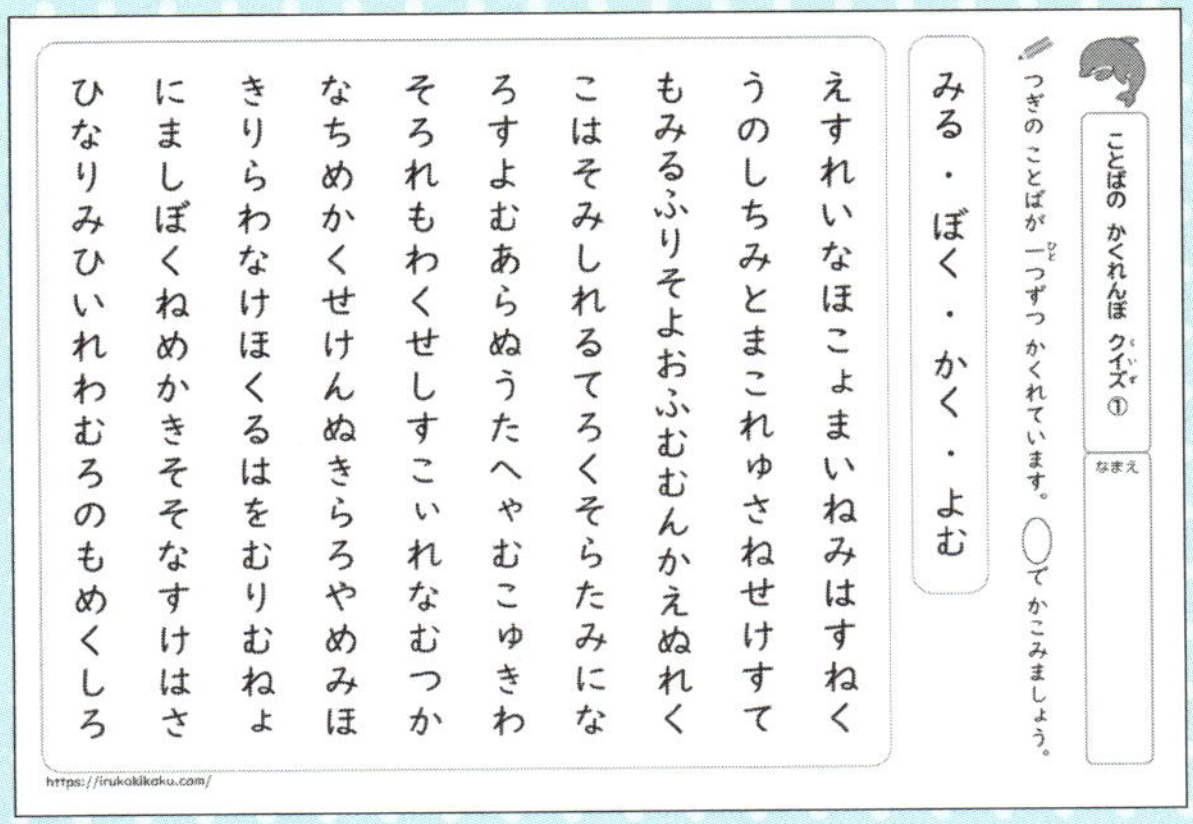
ことばの　かくれんぼ　クイズ《くいず》①
なまえ
つぎの　ことばが　一《ひと》つずつ　かくれています。○で　かこみましょう。
みる・ぼく・かく・よむ
えすれいなほこょまいねみはすねく
うのしちみとまこれゅさねせけすて
もみるふりそよおふむむんかえぬれく
こはそみしれるてろくそらたみにな
ろすよむあらぬうたへゃむこゅきわ
そろれもわくせしすこぃれなむつか
なちめかくせけんぬきらろやめみほ
きりらわなけほくるはをむりむねょ
にましぼくねめかきそそなすけはさ
ひなりみひいれわむろのもめくしろ
https://irukakikaku.com/

▲「ことばの　かくれんぼ　クイズ」プリント

ダウンロード教材

単語を読みやすくする工夫をしましょう

単語をまとまりとしてとらえる

ひらがなの単語がうまく読めない子どもは、単語を一つのまとまりとして認識できていないことが予想されます。そのため、「こ、の、よ、う、に」のような拾い読みが多かったり、「こ、の、よ、う、に……このように」と、拾い読みのあとにまとめ読みをしたりします。

このような場合には、視覚性語彙《い》（一瞬見ただけで、音《おん》や意味がわかる言葉）を増やしていく必要があります。83ページで紹介した

単語を探す課題などで練習し、単語を一つのまとまりとして認識できるようになると、読みのスピードが安定しやすくなったり、読むときの疲労度が軽減されていったりします。

自分で読みやすくする工夫をする

単語をまとまりとして読むのが苦手な場合には、教科書にスラッシュを書き入れて読みやすくする工夫も効果的です。パッと見ただけで、単語を一つのまとまりとして認識しやすくなるので、文章が一気に読みやすくなります。単語ごとにマーカーを引くのもよいでしょう。

学習プリントやテストなども、すぐに読み始めるのではなく、最初にスラッシュを入れたり、単語を丸で囲んだりすることで、読みやすさがアップします。最初のうちは保護者が代わりに線を引く必要がありますが、やり方のコツをつかむことができれば、次第に自分一人でも取り組めるようになっていくでしょう。

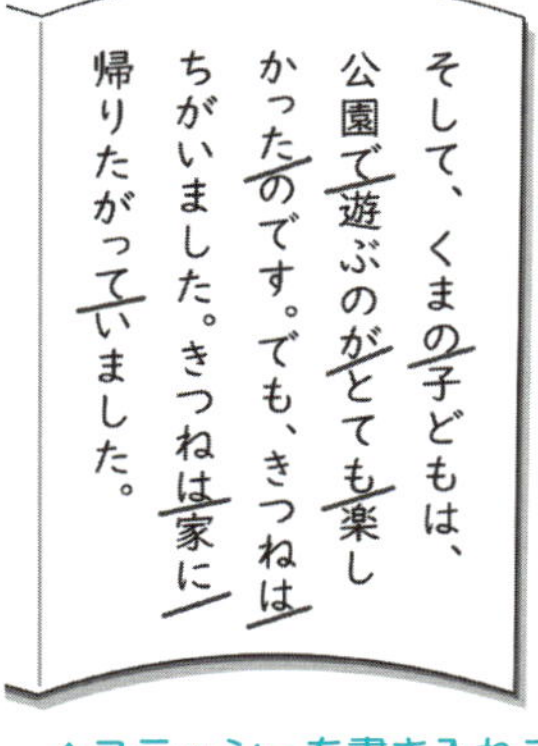

▲スラッシュを書き入れる

Case 11

教科書をすらすら読めない

ひろとさんの家での様子

ひろとさんは、小学2年生です。教科書などの文章をすらすら読むことが苦手です。
め、め、めだ
こくご
ひらがなだけの単語はすらすら読めるときもありますが、単語の途中で改行したりしていると、とたんにつっかえます。
くまと男の子は、めだ
まやきを食べました。
め、め、め…
めだ…
めだまやき
教科書は何度も読むことである程度読めるようになるので、お母さんは心配しつつも見守っていました。
練習すれば
できるんだから
きっと大丈夫よね
ところがある日、ひろとさんは「なぜ、みんなは読めるのに、ぼくは読めないの？」と聞いてきました。お母さんは困ってしまいました。
なんでみんなは
読めるのに、
ぼくは読めないの?
こくご

家庭でできるサポート例

Case 11 解説-1

読む前に、単語の読み方と意味を把握しましょう

単語の読み方と意味を確認する

この事例のように、1文字ずつの拾い読みが多かったり、途中で改行してある言葉を読むのが苦手だったりする子どもは、文字を音に変換することに必死な場合が多いです。そのため、文章全体のテーマをつかめていなかったり、単語の意味や文の内容を把握するまでに至っていなかったりすることが予想されます。

そのため、文章を読み始める前に、単語の読み方と意味を確認してから読み始めることが大切です。ひらがなの単語だけでなく、漢字を使った単語の読み方や意味も確認しましょう。単語の意味を把握すると、どんなテーマの文章なのか、どんな内容の物語なのかなどの全体像がつかみやすくなります。

丸暗記している子ども

この事例のように1文字ずつ一生懸命に読もうとする子どももいれば、教科書を丸暗記して授業に臨んでいる子どももいます。自分で文字を目で追いながら読むことが苦手なので、聞いて覚えてしまうのです。このような子どもは、ふだんはなんとなくうまく読めているように見えるのですが、テストなどで初めて見る文章の読みが極端に苦手なことがあります。

このように、読めるときと読めないときの差が激しい場合には、音読が苦手な可能性を考えてみる必要があります。

読み上げ機能を活用する

自分で教科書を読むのが難しい場合には、担任の先生に相談し、家庭学習でデジタル教科書の音声読み上げ機能などを活用するのもよいでしょう。

低学年のうちは、保護者と一緒に音読の練習をすることもできますが、学年が上がると、音読のような課題は、「簡単だからやりたくない」「そんなのわかるからいい」と、保護者と一緒には練習したがらない子どもが増えます。ですので、高学年になったら一人でデジタル教科書を操作して練習できるように、低学年のうちから操作に慣れておくのもよいでしょう。

苦手さのタイプに合わせたサポートを考えましょう

苦手さにはタイプがある

この事例の子どもは、途中で改行してある言葉の読みが苦手なことから、単語をまとまりとして読むのが苦手なタイプであることが予想されました。そのため、事前に単語の読み方と意味の確認をすることによって、文章全体の内容を把握しておくことが、音読の改善に効果的でした。

また、この事例と同じような読み詰まり方でも、読んでいる途中でどこを読んでいるのかわからなくなってしまって読み詰まるタイプの子どももいます。このような場合は、文章を読みながら文字を指で追うことや、必要に応じてリーディングトラッカーのようなグッズを活用することも検討しましょう。

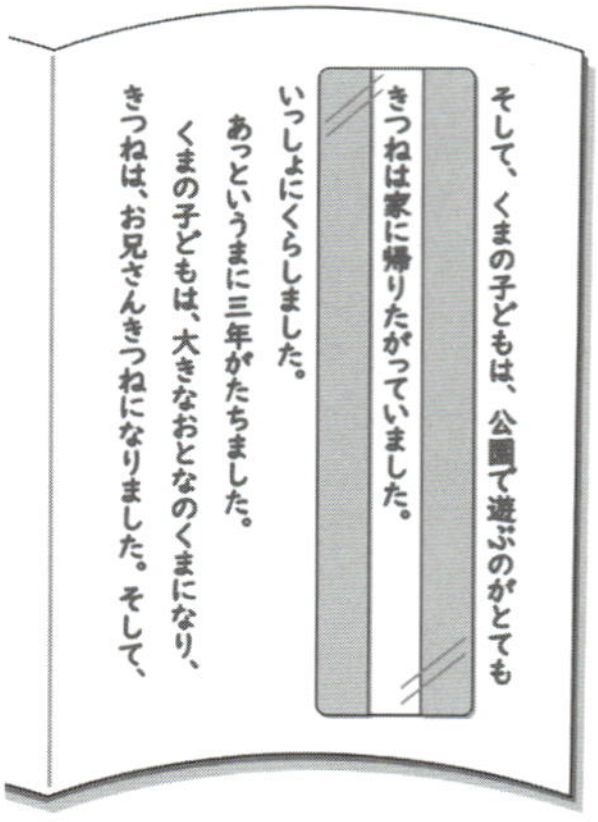

▲読む行だけに注目させる
リーディングトラッカー

苦手さのタイプに合わせたサポートを

文章をすらすら読むのが苦手な子どもには、ひらがなや漢字が正しく読めないタイプの子どもと、正確には読めても素早く読めないタイプの子どもがいます。苦手さのタイプに合わせたサポートを検討することが大切です。

ひらがなが読めないタイプ

文字と音との対応関係が苦手な場合には事例9（74ページ）を、まとまり読みが苦手な場合には事例10（80ページ）を参照しましょう。

漢字が読めないタイプ

漢字にふりがなを振ることで文章が読みやすくなります。テストにもふりがなをつけることができる場合があるので、担任の先生に相談してみましょう。

読むのに時間がかかるタイプ

正確に読めるけれど時間がかかるタイプは、テストや課題を行うときに十分な時間設定をすることで対応しましょう。

Case 12

書き順の通りに書けない

ひかるさんの家での様子

小学2年生のひかるさんは、漢字を書くとき画を右から左に書いたり、下から上に書いたりと、書き順通りに書けません。
漢字の「口」という部分をぐるんと丸を書くように書いたり、絵や図を書くように、好きな画から書き始めたりもします。
谷
自
丸く書いてしまっている
保護者が書き順を注意すると、ひかるさんはとてもいやがります。
ほら、書き順がちがうよ
いいの
最後には練習をやめて逃げ出してしまうので、保護者は困っていました。
終わってないじゃない

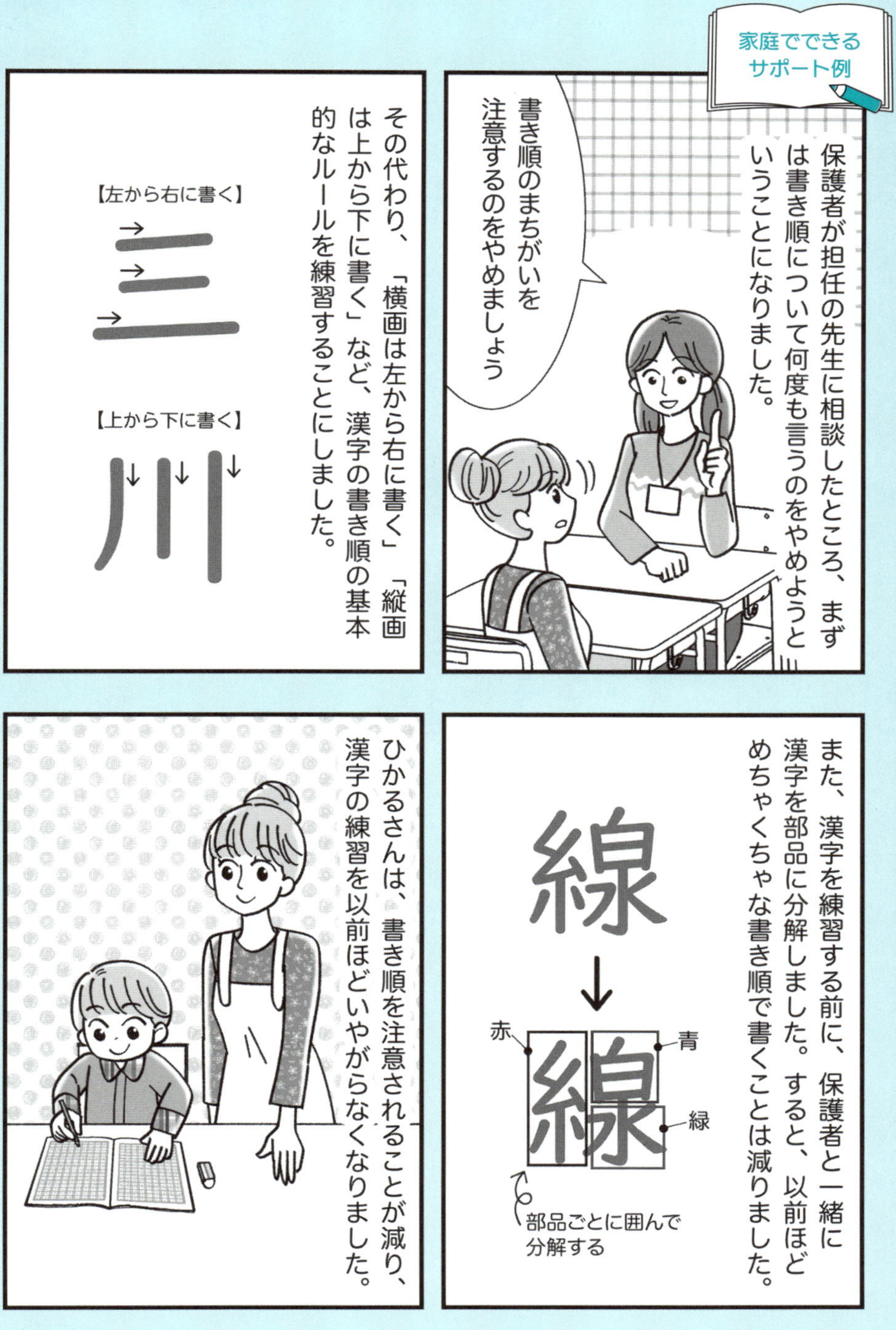
家庭でできる
サポート例
保護者が担任の先生に相談したところ、まずは書き順について何度も言うのをやめようということになりました。
書き順のまちがいを注意するのをやめましょう
その代わり、「横画は左から右に書く」「縦画は上から下に書く」など、漢字の書き順の基本的なルールを練習することにしました。
【左から右に書く】
三
【上から下に書く】
川
また、漢字を練習する前に、保護者と一緒に漢字を部品に分解しました。すると、以前ほどめちゃくちゃな書き順で書くことは減りました。
線
赤
青
緑
線
部品ごとに囲んで分解する
ひかるさんは、書き順を注意されることが減り、漢字の練習を以前ほどいやがらなくなりました。

Case 12
解説-1

書き順のルールを確認しましょう

書き順の正しさだけを求めない

書き順は、漢字を書くときに書きやすい順番が習慣化したものです。書き順の通りに書くと、字形が整い、自然に速く正確な文字を書くことができます。また、漢字は、へんやつくりの組み合わせでできているものが多いので、書き順を身につけておけば、初めて見る漢字でも類推して書くことができたり、覚えやすかったりします。

しかし、書くことが苦手な子どもに、しつこく書き順を注意しても、漢字の練習がいやになるばかりで意味のないことがあります。書き順を正しく書くこと自体が目的にならないように気をつける必要があります。

ほら、書き順がちがうよ
いいの

書き順のルールを確認する

この事例のように、2年生の時点で基本的な書き順のルール（「上から下へ」「左から右へ」「横から縦へ」など）が身についていない場合は、改めてそれらのルールを練習するとよいでしょう。学年が上がって画数が増えても、基本的なルールが身についていれば書きやすいです。

新しく学習する漢字の部品が多い場合は、保護者が手伝って先に漢字の部品に分けておくと、理解しやすい場合があります。子どもと一緒に、どのように分けることができるのか確認するのもよいでしょう。

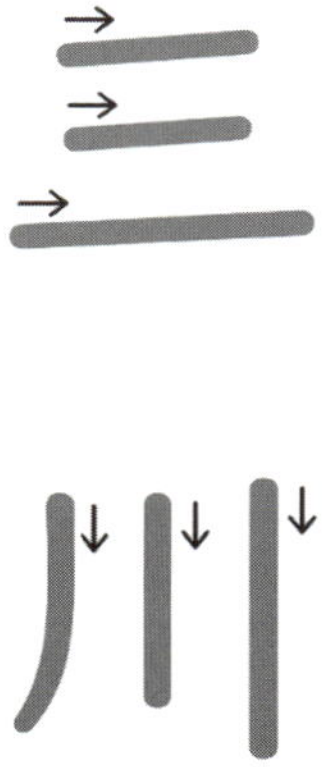

このような教材を使ってみるのもいいですね

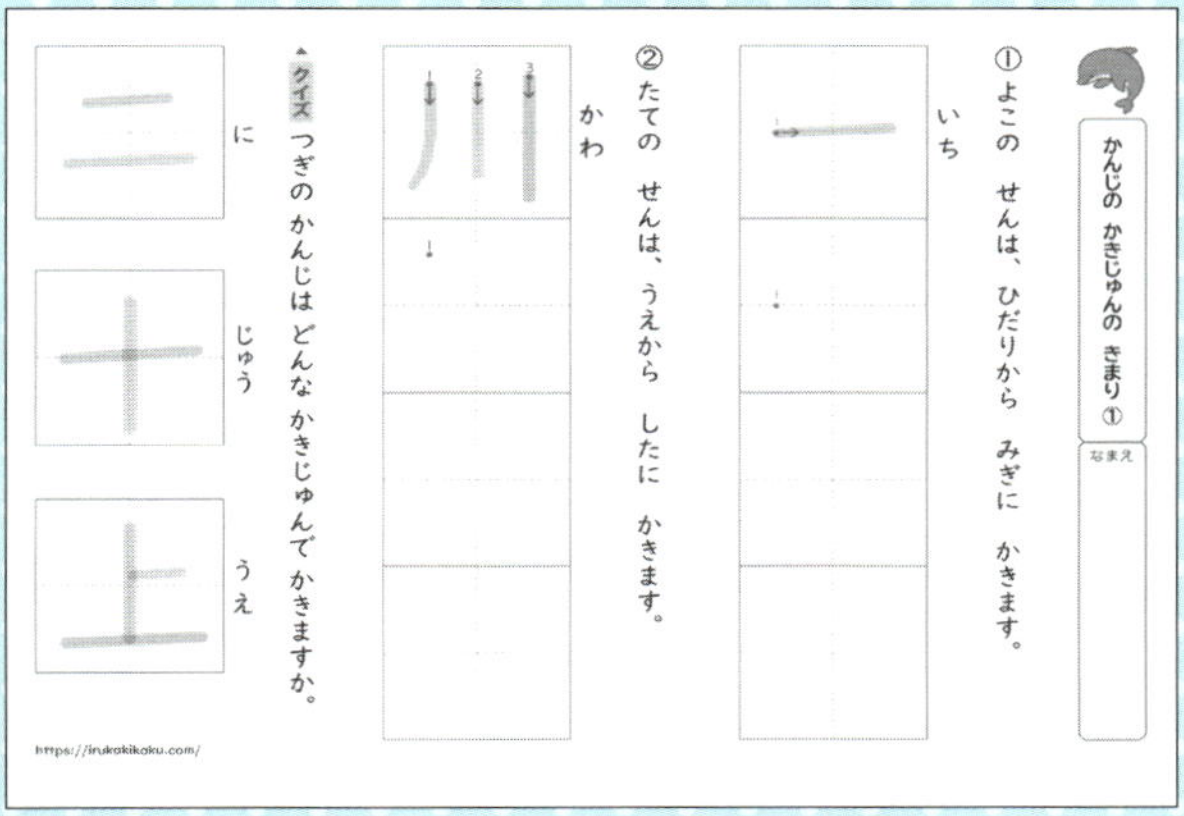

▲「かんじの　かきじゅんの　きまり」プリント

ダウンロード教材

Case 12
解説-2

書き順の誤りを指摘しすぎないようにしましょう

書き順の誤りを指摘しすぎない

書き順の定着に苦戦する子どもは、物事の手順を考えるのが苦手なことが多いかもしれません。

漢字を写真で撮影した図形のようにとらえ、順番をあまり考えずに、気になる部分から書き始める子どももいます。順序の意識が薄い子どもに、書き順の意識をもたせるには時間がかかる場合もあります。また、すでにその子どもなりの書き方が定着してしまっている場合もあります。その場合は、無理に修正させようとすると、書く意欲が減退してしまうことがあるので注意しましょう。

書き順が違うからという理由で書き直しを求めるといやがる子どもが多いので、「口」は「たて、かく、よこ」と唱えながら書いて見せ、そのあとに子どもに書いてもらうようにしましょう。「3回書く」など、練習を始める前に回数を約束しておくことも、書く意欲を保つためには有効です。

書き順の誤りに優先順位をつける

書き順の誤りを見つけるたびに修正させようと声を掛けると、書くことがいやになってしまうことがあります。たとえば、「口」をぐるんと一周して書くと、漢字テストではバツになってしまいます。保護者は、このような子どもの誤りのパターンを書きだし、修正したほうがいいと思われる（テストでバツになってしまう）書き順に優先順位をつけて、優先度が高い順に学習させましょう。

その際、大きく影響しない書き順の誤りには目をつぶることも大切です。練習のときには誤りは指摘せず、正しく書けたときにほめましょう。

Case 13

ひらがなの文で書きまちがいが多い

めいさんの家での様子

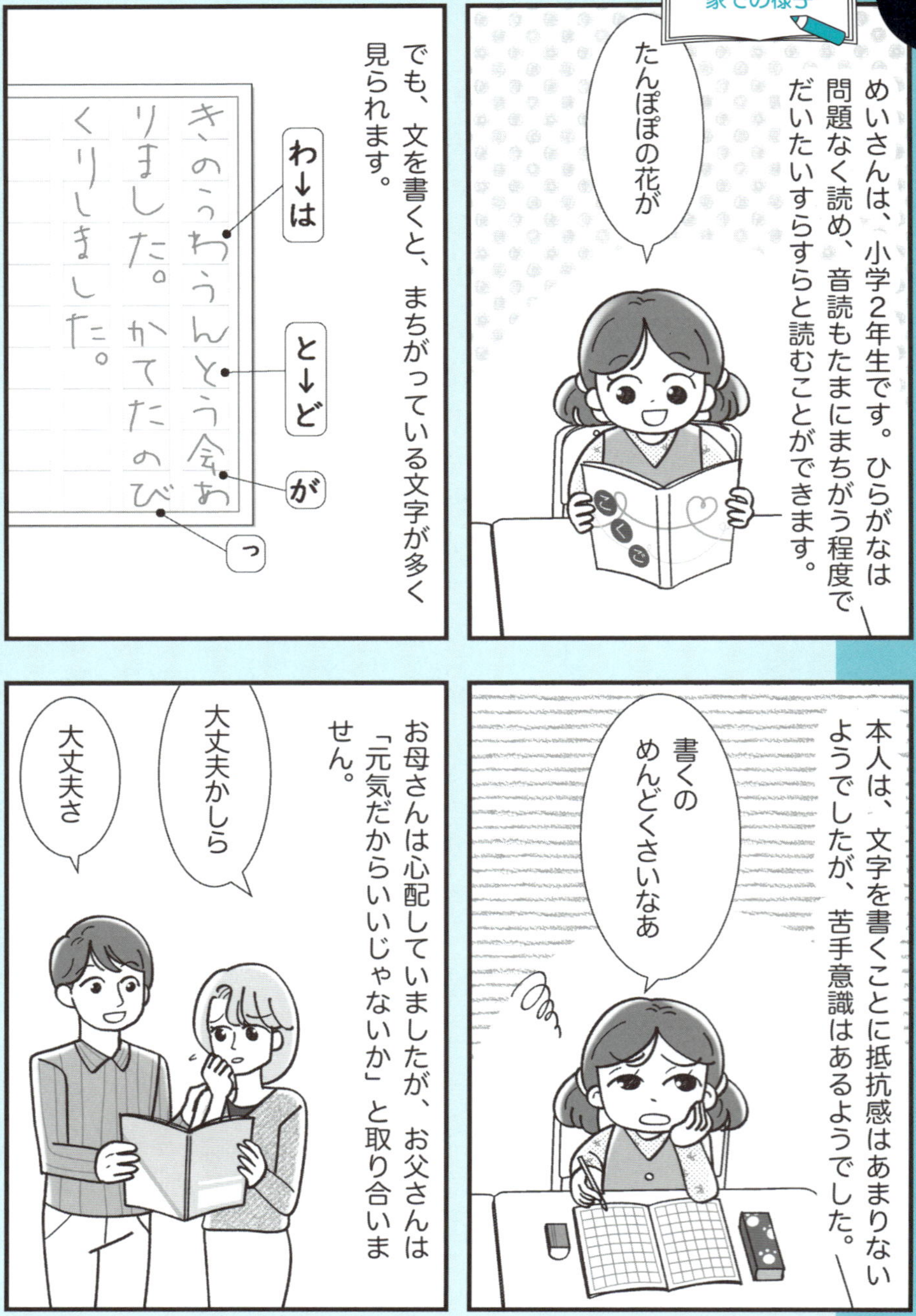

めいさんは、小学2年生です。ひらがなは問題なく読め、音読もたまにまちがう程度でだいたいすらすらと読むことができます。
たんぽぽの花が
こくご
でも、文を書くと、まちがっている文字が多く見られます。
きのうわうんとう会あ
りました。かてたのび
くりしました。
わ↓は
と↓ど
が
っ
本人は、文字を書くことに抵抗感はあまりないようでしたが、苦手意識はあるようでした。
書くのめんどくさいなあ
お母さんは心配していましたが、お父さんは「元気だからいいじゃないか」と取り合いません。
大丈夫かしら
大丈夫さ

家庭でできるサポート例

お母さんが担任の先生に相談したところ、文を書く機会を増やすために、先生と交換日記をしてみることになりました。
文を書く機会を増やしましょう
書くことをめんどうがっていためいさんでしたが、「交換日記」という言葉がうれしかったのか、すすんで毎日書くようになりました。
何を書こうかな
日記の中で、濁点や小さい「っ」のまちがいを指摘して直していくことで、少しずつまちがいが減っていきました。
ここの字は、てんてんがつくよ
あ、そうか
先生も、交換日記の中で文字の問題を出すなど工夫してくれたので、徐々に自分でもまちがいに気づけるようになってきました。
「は」だ!
めいさん、正しいのは、どちらかな?
①きょうは
②きょうわ

Case13 解説-1

まちがえずに書こうとする意欲を高めましょう

正しく書こうとする意欲を高める

この事例の子どもは、書くことをめんどくさがることはあっても拒否することはなく、宿題もみんなと同じように毎日提出できていました。しかし、書くときのまちがいが多く、小さい「っ」を省略していたり、濁点や助詞が未記入だったり、「は」と「わ」のように同じ音の文字をまちがえたりしていました。

宿題でもこのようなまちがいが目立っており、保護者は何度も直そうとしましたが、当の本人は指摘してもあまり気にしていませんでした。

このように、子ども自身がまちがいを気にしていない、つまり書くことに困っていない場合、保護者からの指摘によってまちがいを修正していくのは難しいでしょう。焦った保護者が何度もまちがいを指摘し、親子関係が悪化していく場合もあります。そのため、このような事例では、本人の「まちがえずに書きたい」「正しく書くぞ」という意欲を高めていく必要があります。

書く機会を作る

書く機会を作り、書く意欲を高めるために、この事例では、「交換日記」というアイテムを使いました。この事例の子どもは、読み手である先生に今日のできごとを伝えるために、正しい文字を意識して書こうとするだけでなく、漢字を使うために自分から辞書で調べるようにもなりました。

このように、書くためのアイテムを用いる場合は、「家族との交換日記」や「手紙交換」、「家族のための買い物メモ作成」など、相手に読ませるという目的が明確にあり、書くことで達成感が味わえるものがおすすめです。また、一回で終わるのではなく、継続できるものがよいでしょう。

書く理由を設定する

書くことに意欲的でない子どもの中には、そもそも「何のために書くの」「何で書かないといけないの」という疑問をもっている子どももいます。低学年のうちは、その答えを自分で見つけるのは難しいため、「あしたまでに提出しないといけないから」「自分の感じていることを言葉にする練習だよ」など、保護者が納得しやすい理由を設定してあげることも必要です。

また、書けたら学習ポイントが加算されていき、10ポイントになったらごほうびをもらえるなどのトークンシステム（110ページ参照）も、書くことのモチベーションになることがあります。

Case13
解説-2

書く作業を分解し、一つずつ取り組みましょう

一つずつ順番に取り組む

書きまちがいが多い子どもには、複数の物事を一度に行うのが苦手なタイプが多いです。たとえば、作文を書くときに何を書くのかを考えることはできても、考えながら同時に書くことは難しく、ましてや書いた文字が正しいかどうかを確認するような複雑な作業は大変です。このような子どもは、作業を分解し、一つずつ順番に取り組んでいく必要があります。

また、細部を意識するのが苦手なタイプの子どももいます。書いている途中で文末がないままに書き終えたり、ケアレスミスのような細かいまちがいをしたりすることが多いため、見直しの習慣化が必要です。

この事例では、書いたあとに、文字や文章を「自分で読み直す」「家族に聞かせてあげる」という作業を追加することで、読みながら自分でまちがいに気がつき、修正できるようになりました。

書くことに集中させる声掛けを

作文などの課題を行うときに、何を書いたらいいのかわからなかったり、文章をまとめることができなかったりするために、文字を書き始めることができないタイプの子どももいます。そのうちに書く時間がなくなり、慌てて書くことになるため、書きまちがいも増えてしまうのです。

そういった場合には、「いつ」「どこで」「誰と」「何をして」「どうなったか」「楽しかったかどうか」を質問して、口頭で回答させましょう。会話の中で、書く内容をまとめることで、その後は書くことだけに集中できます（作文については、『小学校中高学年』事例12参照）。

このように、一つの作業だけに取り組めばよい状態をつくることで、必然的に書きまちがいも減少するでしょう。

Case 14

問題文を読まずに解答する

かずきさんの家での様子

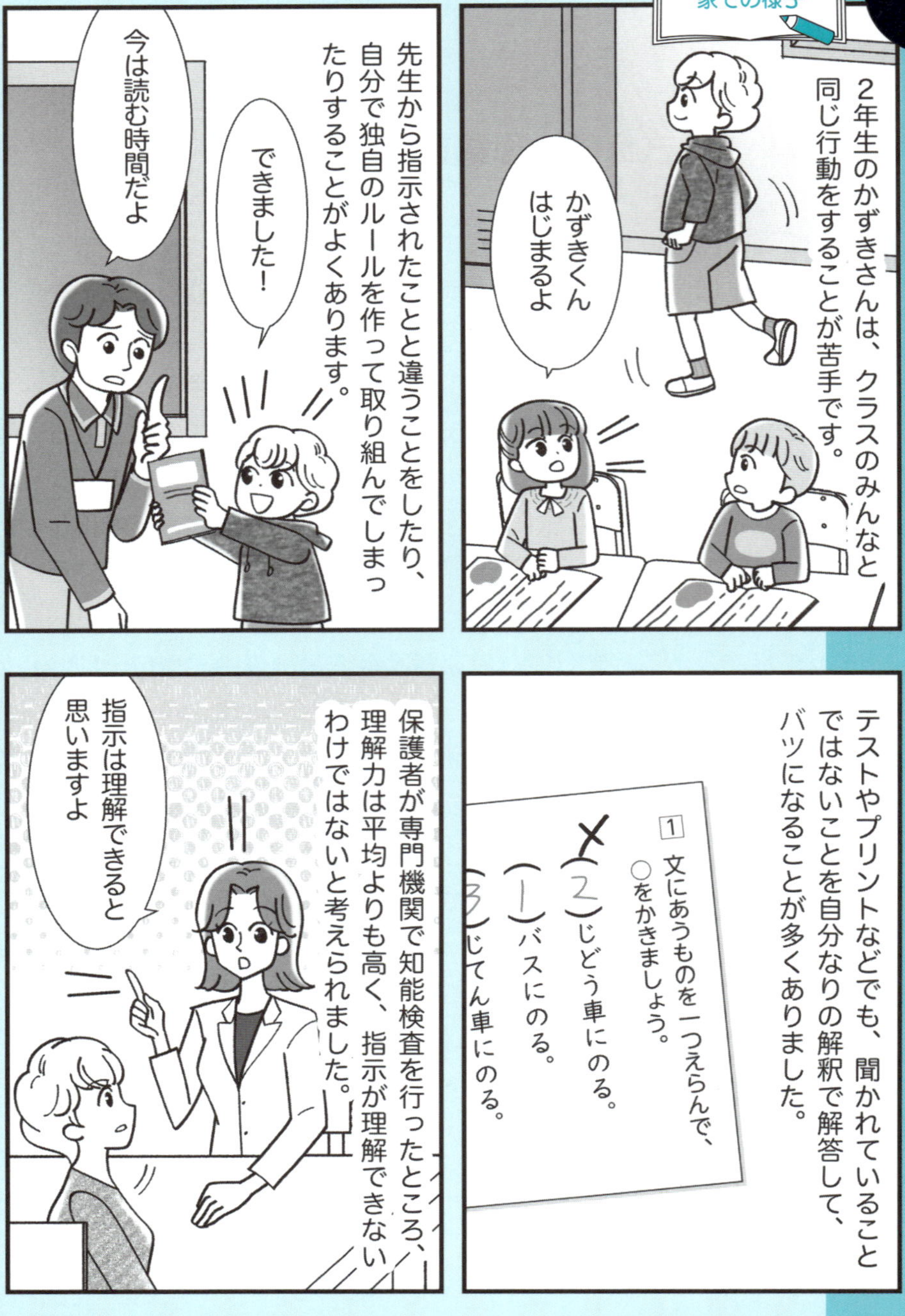

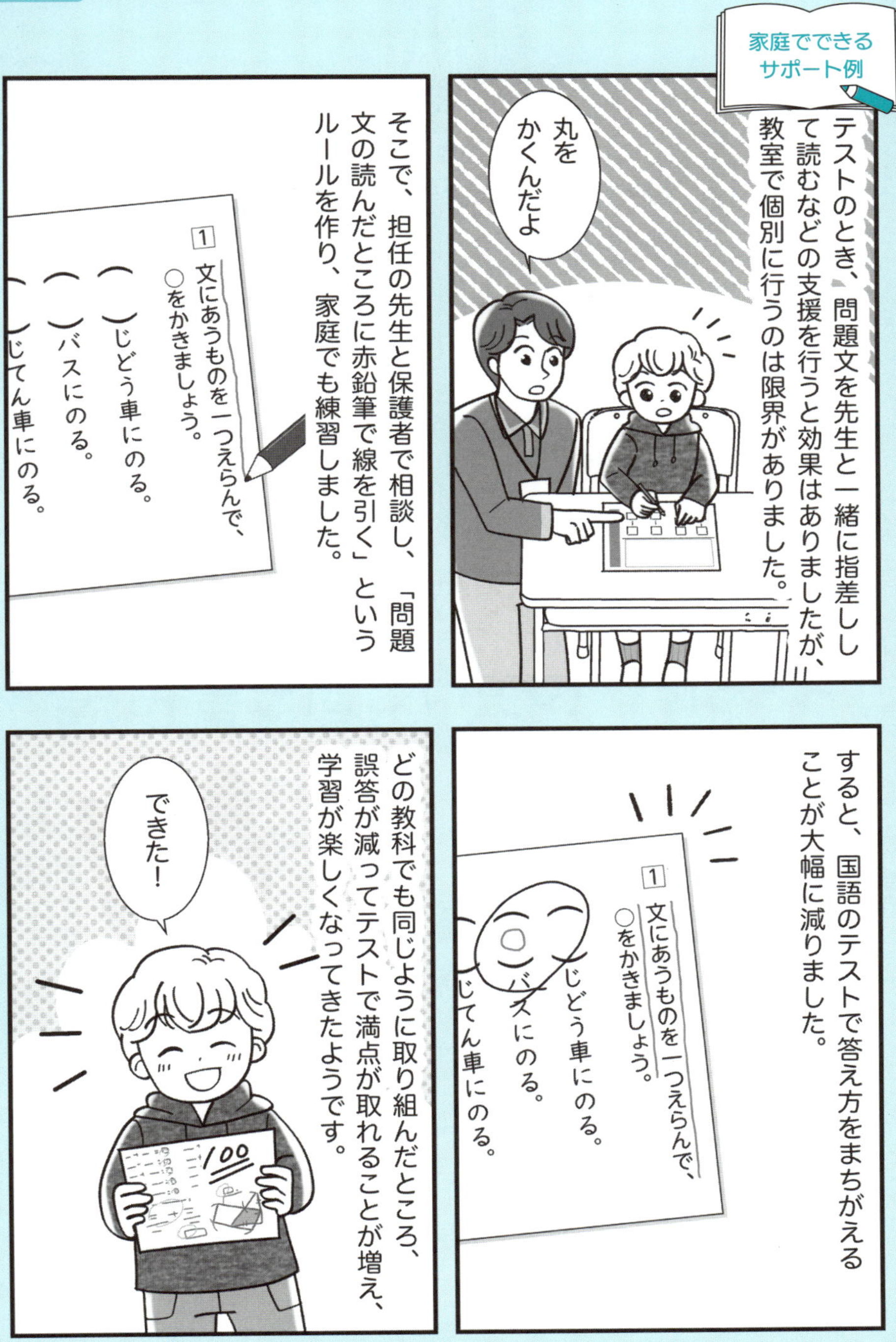
家庭でできる
サポート例
テストのとき、問題文を先生と一緒に指差しして読むなどの支援を行うと効果はありましたが、教室で個別に行うのは限界がありました。
丸をかくんだよ
そこで、担任の先生と保護者で相談し、「問題文の読んだところに赤鉛筆で線を引く」というルールを作り、家庭でも練習しました。
1 文にあうものを一つえらんで、○をかきましょう。
( )じどう車にのる。

( )バスにのる。

( )じてん車にのる。

すると、国語のテストで答え方をまちがえることが大幅に減りました。
1 文にあうものを一つえらんで、○をかきましょう。
じどう車にのる。

バスにのる。

じてん車にのる。

どの教科でも同じように取り組んだところ、誤答が減ってテストで満点が取れることが増え、学習が楽しくなってきたようです。

できた!

100

Case14
解説-1

問題文に注目するための工夫をしましょう

誤答の理由によってサポートを変える

テストやプリントで誤答が目立つ場合、その理由はさまざまです。問題文を読めないのか、問題文を理解できないのか、答えを思いつかないでいるのか、その理由によって行うべきサポートが変わります。

この事例の場合は、「問題を最後まで読まずに独自の解釈で解答している」ことが予想されたため、それを解消する行動（問題文に線を引く）を行うことで、正しく解答できるようになりました。すべての子どもに当てはまるわけではありませんが、特に低学年のうちはこのような子どもも多いため効果が見られることがあります。

子どもが自分でできる工夫を

この事例のような場合は、大人がそばについて問題文を最後まで子どもと一緒に読み上げられればよいのですが、担任の先生が教室でできる支援には限界があります。そのため、子どもが自分でできる工夫（問題文に線を引く・マーカーペンで文字を追うなど）を行い、その行動について担任の先生とも事前に確認しておくことが必要です。

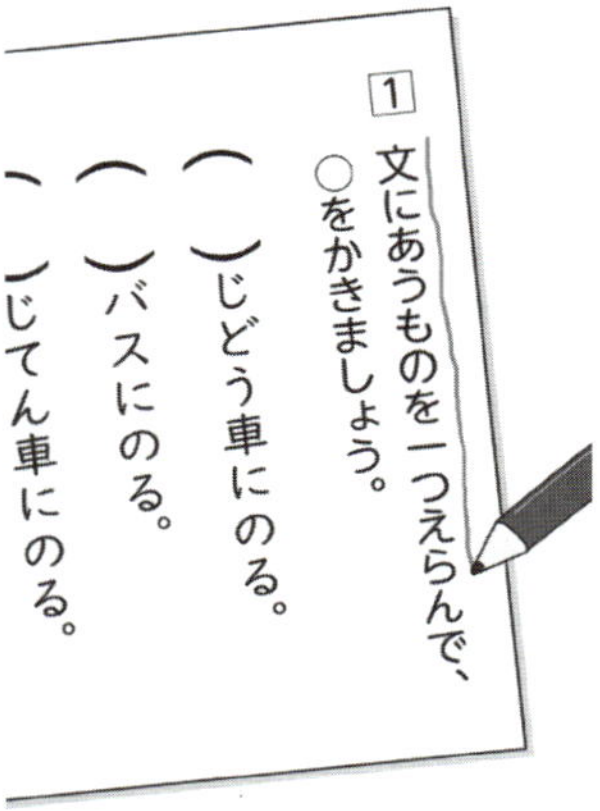

音声を活用する

問題文を読まない、または読めない場合、問題文を音で聞くことで理解がスムーズになる場合があります。家庭では保護者が、問題文や文章を声に出して読み上げるとよいでしょう。一度読み上げるだけでは足りない場合もあるので、何度か読み上げることも必要です。

また、テストやプリントをタブレットなどのカメラやアプリで読み込んで、印刷された文字を音声に変換するという方法もあります。このようなデジタル機器を学校で利用する場合は、イヤホンで音声を聞くなど、周囲の子どもへの配慮も必要です。活用したい場合は、担任の先生に相談しましょう。

問題文に注目させる具体的な声掛けをしましょう

自分なりに解釈してしまう子ども

この事例の子どもの場合は、問題文を最後まで読まずに自分なりに設問を予測したり、過去に経験したパターンと照合して「たぶんこうだろう」と予測したりして問題を解き始めていました。

「最後まで読む」ことを強化することはもちろん大切ですが、テストなどの問題文はある程度パターンが決まっているので、そのパターンに慣れた上で、「選択肢につける○は1つなのか2つなのか」「選択肢に×をつけるのかつけないのか」「自分で考えて書くのか文章から抜き書きをするのか」など、解答するときに特に気をつけたい部分に注目できるようにしておくことが大切です。そのために、問題文に線を引くという工夫は有効です。

また、問題を解き終えたあとに見直しをすることによって、自分の解釈ミスに気がついて修正ができるようになることも大切です。そのため、低学年のうちは、保護者と一緒に見直す練習をするとよいでしょう。

問題文に注目させる具体的な声掛けを

問題を推測してしまう子どもに対しては、「最後まで問題文を読むこと」「解き終えたあとに見直しをすること」の二つを強化しましょう。そのため、「問題文を声に出して読んでみて」「終わったらもう一度一緒に見直そう」といった声掛けをするとよいでしょう。

このタイプの子どもは、問題文を最後まで読もうとしていないというよりは、途中で問題の内容を自分なりに解釈できたので解き始めていることが多いです。そのため、「ちゃんと読みなさい」というあいまいな声掛けよりも、問題文に注目するための行動をうながす具体的な声掛けのほうが効果的です。

×効果の薄い声掛け

○問題文に注目させる声掛け

ちゃんと読みなさい
問題をよく読んで
問題文を声に出して読んでみて
問題文に線を引こう

column
コラム3

「ごほうび」の考え方

学習にごほうびを設定すると、ごほうびがないと学習できなくなるのではないかと不安になるかもしれません。しかし、子どもの特性によっては、「宿題をしないと学校で困る」「将来のために学習する」などの長期的な見通しをもつことが難しいために、なかなか学習に取り組めない場合があります。そういった場合、短期的な目標達成で得られる「ごほうび」を設定したほうが、学習に取り組みやすくなる場合があります。

ごほうびは、保護者が決めるのが基本ですが、子どもとも相談して決めたり選んだりしたほうが、モチベーションが上がります。ただし、たとえば「ゲーム30分」を子どもが望んだとしても、夜にゲームをすると興奮して寝られなくなるなどの影響が予想される場合は週末に取っておくなど、子どもの性格や生活に合わせることが大切です。

また、101ページで紹介したような「トークンシステム」を使うという方法もあります。小さな目標ごとにポイントを設定し、たまったらごほうびと引き換えるという方法です。

年齢が上がるにつれて、子どもの欲しい物が高額になったり、刃物や武器など危険な物に興味をもったりすることもあるかもしれません。がんばったごほうびだからといって、このようなものを与えてよいわけではありません。社会的に問題がない範囲で、保護者がごほうびを決めていきましょう。

【参考文献・ホームページ】

- 石井麻衣・雲井未歓・小池敏英（2003）「学習障害児における漢字書字の特徴―誤書字と情報処理過程の偏りとの関係について―」『LD 研究』12, 333-343
- 大山帆子・増田純子・中知華穂・銘苅実土・小池敏英（2019）「視覚性語彙の形成促進による LD 児の音読困難の改善に関する研究」『LD 研究』28（3）, 336-348
- 桂聖・廣瀬由美子（2012・2013）『授業のユニバーサルデザインを目指す 国語授業の全時間指導ガイド 1 年～ 6 年』東洋館出版
- 黒川君江・青木美穂子・田中文恵・小林繁（2005）『〈教室で気になる子〉LD、ADHD、高機能自閉症児への手だてとヒント』（教育技術 MOOK）小学館
- 小池敏英（2016）『LD の子の読み書き支援がわかる本』講談社
- 小池敏英・雲井未歓（2013）『遊び活用型読み書き支援プログラム』図書文化社
- 小池敏英・雲井未歓・渡邉健治・上野一彦（2002）『LD 児の漢字学習とその支援』北大路書房
- 小池敏英・中知華穂・銘苅実土・雲井未歓（2017）『「読めた」「わかった」「できた」読み書きアセスメント～小学校版～活用＆支援マニュアル』教育庁指導部特別支援教育指導課
- 瀧元沙祈・中知華穂・銘苅実土・後藤隆章・雲井未歓・小池敏英（2016）「学習障害児における改行ひらがな単語の音読特徴―音読の時間的側面と誤反応の分析に基づく検討―」『特殊教育学研究』54, 65-75
- 玉木宗久・海津亜希子・佐藤克敏・小林倫代（2007）「通常の学級におけるインストラクショナル・アダプテーションの実施可能性―小学校学級担任の見解―」『LD 研究』16, 62-72
- 日本精神神経学会監修（2014）『DSM- 5 精神疾患の診断・統計マニュアル』医学書院
- 藤井温子・吉田有里・徐欣薇・岡野ゆう・小池敏英・雲井未歓（2012）「一斉指導で利用可能なひらがな単語読みの評価に関する研究―ひらがな単語連鎖課題による検討―」『特殊教育学研究』50, 21-30
- 藤野博・日戸由刈（2015）『発達障害の子の立ち直り力「レジリエンス」を育てる本』講談社
- 増田純子・大山帆子・銘苅実土・中知華穂・小池敏英（2018）「ひらがな単語の語彙性判断課題による読み障害児の音読困難の評価―2 文字単語課題と 4 文字単語課題に基づく検討―」『LD 研究』27（3）, 340-353
- 独立行政法人国立特別支援教育総合研究所「インクルーシブ教育システム構築支援データベース」
  https://inclusive.nise.go.jp/（2024 年 10 月 25 日閲覧）
- 文部科学省（2021）「障害のある子供の教育支援の手引～子供たち一人一人の教育的ニーズを踏まえた学びの充実に向けて～」
  https://www.mext.go.jp/a_menu/shotou/tokubetu/material/1340250_00001.htm
  （2024 年 10 月 25 日閲覧）
- 文部科学省（2017）『小学校学習指導要領（平成 29 年告示）解説 国語編』

【監修者紹介】
小池 敏英（こいけ としひで）
尚絅学院大学特任教授。東京学芸大学名誉教授。博士（教育学）。
NPO 法人ぴゅあ・さぽーと理事長。専門は LD の子どもの認知評価と学習支援、発達障害や重症心身障害のある子どものコミュニケーション支援。主な書籍に『“遊び活用型”読み書き支援プログラム 学習評価と教材作成ソフトに基づく統合的支援の展開』（図書文化社、共編著）など。

【著者紹介】
成田 まい（なりた まい）
秋田こどもの心と発達クリニック 臨床発達心理士。
東京学芸大学教育学研究科修士課程修了。修士（教育学）。秋田こどもの心と発達クリニック・市立秋田総合病院小児科・秋田大学医学部附属病院にて心理士として発達臨床に携わる。専門は読解困難を主とした読み書き困難の認知評価とそれに基づく学習支援。保護者向け「LITALICO 発達特性検査」の学習領域を監修。

松尾 麻衣（まつお まい）（石井 麻衣）
NPO 法人ぴゅあ・さぽーと支援相談員。
東京学芸大学大学院連合学校教育学研究科修了。博士 (教育学)。社会福祉法人鶴風会西多摩療育支援センター等で心理士として勤務し、発達障害児者の診断、療育、保護者の相談などを担当。幼稚園、保育園、学校、特別支援学校の巡回相談にも携わる。2020 年 1 月から現職。公認心理師、臨床心理士。著書に『特別支援教育支援員ができること』（日本標準）など。

読み書きが苦手な子どもの「できた！」を増やす
家庭でできる！　読み書きサポートブック　小学校低学年

2024 年 12 月 20 日　第 1 刷発行

監修者 ―――― 小池敏英
著　者 ―――― 成田まい・松尾麻衣
発行者 ―――― 河野晋三
発行所 ―――― 株式会社 日本標準
〒 350-1221　埼玉県日高市下大谷沢 91-5
電話　04-2935-4671
FAX　050-3737-8750
URL　https://www.nipponhyojun.co.jp/
まんが ―――― すぎやまかずみ
装丁・本文デザイン― アイマージデザイン　平岡晴海
企画・編集 ―――― 岡 真由美
印刷・製本 ―――― 株式会社 リーブルテック

 Printed in Japan　ISBN 978-4-8208-0760-5